U0054862

中國現代化的癥結

沉思歷史　對比中外　破解癥結　復興中華

【降大任・著】

認識大陸作家系列

自序

　　這是一本讀書和研究的心得，大約耗費了著者十年的功夫。

　　這本書裏要探討的是近代中國為什麼發展慢的問題，但主要討論是中國的內部問題，不多涉及外部的國際條件。這樣的問題，有識之士論述已很多，著者對之有取捨，也有發揮，雖也引述別人的言論，但也說自己想說的話，希望能將複雜的問題，講得盡可能簡明扼要、易於理解、破解要害，力求以小冊子說明大問題，並有所創見。只是不敢視為定論。或許其中的一孔之見，有助於研究的深入，以推動民族進步和中華復興事業。著者不是政治家，只是一個學習者、讀書人，限於學識水平，書中定有謬誤，願意聽到同道的批評指正。

目　次

自序 i

引言 1

所謂李約瑟問題 3

對若干解答的質疑 7

所謂民族劣根性 9

歷代帝王的劣跡與帝王崇拜論 13

關於遊民、匪類、暴民 19

中國農民與地主的階級矛盾 27

暴虐的帝王官匪 35

造反者中的民間匪類 41

民匪的從眾作惡心理 49

官匪與民匪的共性 53

關於儒學的辨析 57

原儒的民主理念 59

儒學溯源與以民為天 63

士文化 71

帝王文化 73

皇權專制下的小農經濟基礎 75

小農經濟的長期延續性與中國自然條件的關係 79

自然條件決定論的限度 81

小農經濟的自足性..87

中國傳統文化的積累式創新 97

自然條件與前資本主義時代 99

西歐資本主義率先產生的原因..........103

中西歷史文化發展的差異..................107

中國的改革開放與消除匪禍..............113

關於重建個人所有制 117

關於無產階級專政..............................123

關於小農經濟改造..............................127

民主是最大的生產力..........................131

附錄

一、自古帝王皆流氓──讀周良霄《皇帝與皇權》..............135

二、辜鴻銘：「在德不在辮！」..................141

三、談先秦儒家的民主理念..................147

四、關於先秦民主等理念若干問題的辨析..................161

　　1.原儒定性..161

　　2.先秦民主..164

　　3.人權個性..167

　　4.以民為天..170

　　5.法制為輔..175

　　6.仁者無敵..178

　　7.勞心勞力..181

　　8.孝為人本..184

9.直面人生.. 187

10.中庸變通.. 190

11.權變之道.. 194

12.止於至善.. 198

13.尚書疑案.. 201

14.中國智慧.. 204

15.荀子偏鋒.. 207

16.林君論士.. 210

17.《春秋》義法.. 213

18.商君虐民.. 216

19.孫子慎戰.. 219

20.魯連高妙.. 222

21.達節實難.. 225

22.盜憎主人.. 228

23.秦皇變態.. 231

引言

髮如韭，剪復生；

頭如雞，割復鳴；

吏不必可畏，

小民從來不可輕。

——東漢末年黃巾起義時民謠

民不畏死，

奈何以死懼之。

——《老子》

中國的強盛，是中國人的期盼，亦是世界人民之福。因為中國沒有以暴力侵侮別國的歷史劣跡，在幾千年的文明史上，中國和周邊民族打打殺殺相衝突的事情不少，但中國軍隊主動出境征伐別族的事情罕見。相反，中國總是同鄰邦友好相處，但求天下太平、互利共贏。中國人口眾多，為世之冠。中國現今已成為維護世界和平舉足輕重的力量。

中國強盛是地球人的福音。一切愛好和平的國家、民族都希望中國強盛，幅員廣大、人口眾多的中國也理應強盛，理應對全人類做更大的貢獻。

遺憾的是中國現在還不夠強盛，比歐美等發達國家差距甚大，中國需要全民奮發，急起直追。

所謂李約瑟問題

　　時下，值得人們，首先是中國人思考的問題是：中國為什麼還不像我們期待的那樣強盛？

　　其實，這樣的問題百年來早已有人提出。

　　人所共知的，1938 年英國科學史研究者李約瑟先生就提出過這個問題。其時，李約瑟說他在寫那本關於中國科技史的專著，「當時我注意到的重要問題是：為什麼近代科學只在歐洲文明中發展，而未在中國（或印度）文明中成長？」（李約瑟〈東西方的科學與社會〉，《自然雜誌》第 13 卷，1990.第 12 期）這便是有名的李約瑟難題。後來李約瑟對此又有新的看法，本書在後邊將要論及。

　　事實上，中國的有識之士在李先生之前也提出過同類的問題。友人謝泳先生在他所著的《雜書過眼錄》（中國工人出版社，2004.8）中揭示「李約瑟難題」可能來源於吳景超的推斷。吳景超曾是著名的自由主義知識份子，胡適的友人。1949 年後任中國人民大學教授，1957 年劃為「右派」。他在 1935 年出刊的《獨立評論》162 號上發表了題為〈論積極適應環境的能力〉一文，文章認為「中國發明的成績，所以不如別人，乃是因為文化基礎薄弱，而非由於民族的智慧有什麼欠缺」，文章分析中國文化基礎薄弱的原因是：「中國過去積極適應環境的能力太差，這是一個文化的問題」，文章提問：「中國為什麼缺乏發明的文化基礎？這個問題如換一個問法，便是中國為什麼缺乏自然科學？」作者對此作出兩點回答，「第一便是因為中國人的聰明才智，沒有用在這個上面……中國自西漢以

後，知識份子的心力，都用在儒家的幾部經典上面。」「第二，我們的自然科學所以不發達的原因，乃是由於是我們在建築文化基礎的過程中，受別個文明國家的益處太少。」意思是，中國之落後是因為過去交通不便，中國與歐洲文明接觸少。而歐洲各國彼此距離近，交流多，便於相互吸收文明成果，所以進步就快。

由上可知，吳景超不僅提出過近代中國落後（主要是自然科學落後）的問題，而且追溯了近代之前西漢以後的歷史原因，那就是中國人歷來不重視發展自然科學，而且又缺乏吸收別國（主要是歐洲）文明成果的條件。

謝泳書中還涉及到費孝通、張東蓀二位學者對「李約瑟難題」的解釋。

謝泳介紹說，費孝通的看法還不是對問題的直接解釋，而是一個有價值的思路。費孝通認為，中國傳統知識份子注重對社會中人與人關係的調協，卻忽視了這種調協的人和自然這一基礎。中國知識份子對以自然知識和技術為重心的西洋文化是外行，「不只是外行，而且瞧不起的那一套。」謝泳說，費孝通的看法與吳景超大體是一致的。

張東蓀的觀點是，中國的古人在認識上偏重於事，不注重物，「只偏重於歷史而不發生有科學。」從歷史看，「中國根本上沒有因果觀點的科學文化，但卻確有辯證觀點的史觀文化。」「由於中國自有其固有的一套文化。而在這一套文化上，中國人不必更換觀點卻能應付其環境，則便不生有創新的需要。所以外國學者批評中國文化有自足性，想來就是因為如此。」

張東蓀是用哲學觀點看問題的，用語不免武斷，卻也不是沒有某種事實依據的。類似的觀點，在學術界還有一些，比如談中國古

人不擅長邏輯思維，慣用具象（形象）思維；中國人思想重綜合，不善分析；重模糊思維，不重精確概念，等等。有關討論的專書見劉鈍、王揚宗主編的《中國科學與科學革命——李約瑟難題及其相關問題研究論著選》一書（遼寧教育出版社，2002.4），所舉諸說，各是其是，讀者自可參閱，茲不再述。上列吳、費、張三位均係大家，其所說頗有討論的價值。

對若干解答的質疑

　　吳景超、費孝通、張東蓀三先生的見解，不約而同談到的是文化問題，屬於文化史觀。其中正確的地方，在著眼於從自然科學即科技的不發達來解釋中國落後於西方的原因。科學技術發展的水平決定社會生產力提高的程度，而生產力的發展最終決定社會文明進步的快慢。這個觀點，如今已是學術界的共識。

　　那麼，相比較西方而言，中國近代以來為什麼科技不發達呢？從漫長的中華五千年文明史歷程看，中國古代的科技發展水平並不低，甚至可以說曾經領先於世界，有過輝煌的成績。且不說令國人自豪的四大發明，更有李約瑟的那部《中國科技發展史》的巨著全部內容可為鐵證。

　　這個歷史事實說明，中國古人並非像吳景超所言是西漢以來中國知識份子的聰明才智沒有用在自然科學上面，而只用在儒家經典上。吳景超的第二點意見，歸因於古代中西交通不便，也不是正解。古代中西交通不便是事實，然而就在這樣的局限中，古代中國創造了輝煌的科技成就也是事實，這又如何解釋？

　　如果說古代中國的文明成就了不起，只是近代落後了，那麼按吳景超的說法，何以近代中國知識份子較之古人突然就不注重科技發展了呢？他們為什麼較之古人弱智了呢？吳景超又說這本來不是什麼民族的智慧有什麼欠缺。這豈不是自相矛盾嗎。至於中西交通問題，近代肯定比古代便利多多，為什麼交通便利了，中國的科技發展反而仍顯落後呢？顯然，吳景超的見解尚需斟酌。

費孝通的思路與吳景超相類，他直截了當地認為，是中國知識份子對自然科學、科技知識是外行的緣故。誠然，中國古代儒、道、釋諸家不少人士不重視或看不起科技創新活動。但並非所有的知識份子和民眾都是這樣。費先生觀點顯然也是片面的。科技的進步必然帶來新的物質利益，這是不以看不起科技的那些知識份子的意志為轉移的鐵律。中國人無論古代、近代、現代都不會弱智到拒絕先進科技的，少數人的意見包括帝王的旨意都改變不了這個社會潮流。籠統地說有知識份子看不起科技就能阻擋社會的文明進步的觀點，是不能成立的。

至於張東蓀說中國沒有科學文化，只能理解為中國近代科學文化不發達，這種不發達也反映在中國人邏輯思維不發達等方面。這裏面的原因倒是我們需要討論的。

為什麼近代中國科學文化或曰科技活動不發達？張東蓀認為，原因即外國學者指出的中國文化有自足性。

這個見解很對。是的，中國文化確有自足性，自成一套，自我滿足。既然自足自滿，就不需要主動地從外部輸入新東西。

在這裏，恰恰需要進一步追問為什麼中國文化，確切地說是20 世紀之前的中國傳統文化會有自足性？對此，張東蓀沒有深究。所以，他的見解雖然合理，卻探討得不夠徹底。

而這，才是我們應當思考的出發點。

所謂民族劣根性

對中國近代落後於西方的原因，還有更多的學者進行了廣泛探討。從梁啟超開始，五四前賢參與者甚眾。許多中外學者，其中不乏思想敏銳的思想家，幾乎不約而同地集中在揭示中國人的民族性、國民性的劣根性問題上。

這似乎確實成為一個大大的問題了。

民族性、國民性就是人性，確切地說是指人的文明素質。這關乎科技和生產力的發展，因為人是科技的主體、掌握者，人是生產中最活躍的因素，從人的素質探討近代中國落後的原因，似乎才能抓住中國問題的癥結。

關於民族劣根性之反思與批判，不能不談到魯迅的小說《阿Q正傳》及其一系列雜文。但在魯迅之前，就有魯迅提到的 19 世紀末美國傳教士亞瑟‧亨‧史密斯（中文譯名明恩溥）所著的《中國人的氣質》（魯迅譯名為《支那人氣質》，見魯迅〈立此存照三〉），其他中外學者亦就此做過生動的論述。史密斯之書曾在 1890 年上海的英文《北華捷報》上連載，後結集於紐約出版。書中列舉中國人的特點，如注重面子和善於做戲；過度節約；勤勞刻苦但漠視時間；漠視精確；思緒含混；堅韌，善於忍耐卻缺乏同情心；相互猜疑而缺乏誠信；極端迷信，謠言氾濫等等，凡二十六種毛病。史氏認為，這是由於中國人貧困和無知造成的，同時也由於中國人過度依賴歷史經驗，而且沒有同更優越條件的國家相對比，從而導致眼界狹窄。當然，史氏也指出上述特點不獨為中國獨有，如印度人也有。

　　史密斯之後，學貫中西的學者、翻譯家嚴復於 1895 年天津《直報》發表名文〈原強〉，直揭中國「民智已下矣，民德已衰矣，民力已困矣。」嚴復另有一文〈闢韓〉尖銳指出是專制君主制造了民眾「弱而愚」，「士大夫心術之壞」也是造成民智低下的根源。又在〈《法意》按語〉文中指出中國人自私，原因是小人沒有參與國家和社會之事的機會。嚴復留學西方，自然瞭解西方的民主政治，但他對改造中國人的劣根性表示悲觀：「所絕不敢相信者，以中國之地形民質，可以共和存在。」就是說，在中國難以改造社會制度，也就難以改變國民之劣根性。

　　繼嚴復之後，有梁啟超於 1901 年發表在《清議報》上的〈中國積弱溯源論〉，論中揭示中國人的缺點為「愚昧、為我、好偽、怯懦、無動」等，認為這是統治者的政術對民眾愚弄造成的。次年（1902）梁啟超發表名文〈新民說〉，指出中國人公德缺乏，智慧不開，是由於「無權利思想，無政治思想，無國家思想」。1903 年梁氏又作〈論中國國民之品格〉，亦羅列中國人的缺點加以批判。到辛亥革命時期梁氏的觀點有所改變，對國人性格不再一概痛斥，而有良與不良之分析，顯得略為客觀。

　　革命家孫中山一生以排滿反帝和民主政治奮鬥，他痛感國人有帝王崇拜之病，如認為太平天國垮臺，「敗在眾王都爭做皇帝」。這一點明顯地與維護帝制的嚴復、楊度等人不同（參《孫中山選集》，中華書局 1956 年版，第 155、678 頁）。

　　共產黨人陳獨秀也認為，由於幾千年來帝制專政，使「吾國民遂沉迷利祿而不自覺，卑鄙齷齪之國民性由此鑄成。」（〈我之愛國主義〉），李大釗指出中國人的兩大缺點，一是凡事以感情為主，不

以理性為主，喜歡一哄而起；二是任力任法。歸因「是皆專制制度之餘毒」（〈立憲國民之修養〉）。

同情共產革命的魯迅對國人劣根性的揭示洞察深刻，其名篇小說《阿Q正傳》所描繪的愚昧農民阿Q是「一幅中國人壞品性的『混合照相』，其中寫中國人的缺乏求生意志，不尊重生命，尤為痛切」（周作人語，見其〈關於《阿Q正傳》〉一文）。在魯迅的大量雜文中，揭示中國人奴性、愚昧、非理性、保守、自私、貪婪、自大又自卑、冷漠、無恥等惡德不遺餘力，但魯迅同時也承認中國人並非都是劣種，歷史上從來也有「捨身求法」、「拼命硬幹」的人，他們是「中國的脊樑」。魯迅激烈批判國人的劣根性，就是要向國人揭示病痛，引起療救的注意。

20世紀前半期，魯迅之後，有儲安平《英人‧法人‧中國人》一書（上海觀察出版社1948），揭示中國人缺少紳士精神（這正是魯迅反對的「費厄潑賴」），中國知識份子「醉心於抽象的理論而好表面的虛文」，「中國知識階層之重言不重行，好虛文而不好實質，是中國社會的可怕的慢性肺結核症」，而中國農民卻是「務勞求實，克勤克儉」的，問題在於缺乏教育。

在今日猶有頗大影響的是臺灣作家柏楊的《醜陋的中國人》（最新版本係人民文學出版社2008年出版，可參）一書，此書一時風行，痛斥中國傳統文化是「醬缸文化」，國人擅長「窩裏鬥」，此外還有好說假話、心靈封閉、明哲保身、彼此猜疑、主觀和情緒化等等缺點。所有這些毛病大都不出前人論列，只是柏楊將之集中而突出的強調，又有諷刺意味，就不免引起人們的反感。事實上，絕大多數探討國民劣根性的學者作家都抱有愛國憂患意識，愛之深而痛之切，恨鐵不成鋼，並非有意醜化中國人。

歷代帝王的劣跡與帝王崇拜論

　　平心而論，所有列舉國人劣根性的表現既非外國人沒有、中國人獨有，也非全體中國人都有，而只是部分中國人的毛病，或許可以說這些劣根性在中國人中較為普遍或常見吧。如果確乎如此，則對這些劣根性的揭示，正說明研討者抱有不諱惡的冷靜態度，意在引起國人的儆戒，以促痛改。那麼，這理應視為民族之幸，中國之福，說明中國還有正直敢言之士，中華民族沒有淪落到萬劫不復的境地，或曰中華復興大有希望。

　　現在的問題是，所謂國民劣根性並不能看成是所有中國人的劣根性。不能一提劣根性就一竿子打翻一船人，說中國人都是劣種。儘管確實有不少國人表現出許多惡德，令人不齒。但中國畢竟在歷史上還被稱為禮儀之邦，是一個有著悠久文明傳統的國度，至今現代中國也不斷湧現出許多道德高尚的志士仁人。這也是不容抹煞的事實。

　　那麼，究竟是國人中哪些人、怎樣一些人表現出那些醜陋的劣跡呢？

　　現成的一個答案是歷代的統治階級，如大多數歷代的帝王及其鷹犬。這些顯赫的專制者，口含天憲，作威作福，欺壓百姓，殘民以逞，真可謂「決東海之波，流惡無盡；罄南山之竹，書罪無窮。」這裏且不說夏商的獨夫桀紂，且不說春秋諸侯的無義戰，且不說戰國七雄之廝殺，「爭城之戰，殺人盈城；爭地之戰，殺人盈野。」且不說秦始皇的暴虐、漢高祖劉邦的流氓無賴、明太祖朱元璋的殘

害臣下、清慈禧太后的腐敗無能，就說號稱明君的唐太宗李世民，也有策劃「玄武門之變」，屠兄殺弟，逼父奪位的劣跡。李世民的「貞觀之治」為史家樂道，治績輝煌，但晚年也是「十漸不克終」（見魏徵之疏），馬周上疏稱其時「供官徭役，道路相繼，（百姓）兄去弟還，首尾不絕。遠者往來五六千里，略無休息。」唐太宗追求長生，陷入腐化，最終服藥而死，可見其愚昧荒唐。最可惡的，他遺囑以最傑出的書法家鍾繇、王羲之父子的手跡，特別是「紙墨如新」的《蘭亭序帖》殉葬，使後人至今無從得見如此名貴的國寶。這種奪天下之至寶為私藏的行徑，無疑是不折不扣的強盜搶掠罪行。所謂英明如唐太宗者尚且如此，其他強梁的帝王及走狗更是等而下之，劣跡斑斑。辛亥革命時期湖南人易白沙著《帝王春秋》（嶽麓書社 1984 重版）開列帝王十二大罪，舉史實為證，讀之觸目心驚。今人周良霄有《皇帝與皇權》一書（上海古籍出版社 1999），對秦朝到清宣統 2132 年的直線相承的二十二個王朝的老小 170 個（同時並立的不計在內）皇帝做了一番分析和統計，指出如假定其中 1/5 的皇帝（以每位平均統治十二三年計），是事業型的有所作為的，他們所主政時期不過 400 年，而其餘 1700 多年中國都處在一批腐敗者、殘虐成性者、弱智者、未成年者、病態庸人的皇帝的統治之下。可見中華民族在歷史上何等災難深重，「即就所謂有為的少數皇帝而言，在他們的統治期間裏，真正能推動社會前進的功業究竟又有多少？這也成大問題。」馬克思指出：「專制制度必然具有獸性，並且和人性是不相容的。獸性關係只能靠獸性來維持。」「專制制度的唯一原則就是輕視人類，使人不成其為人」，「君主政權的原則總的說來就是輕視人，蔑視人，使人不成其為人」（《馬克思恩格斯全集》第 1 卷，人民出版社，1956，第 411～414 頁）。不

必再翻二十四史了，可以斷言，在專制制度下皇帝為代表的統治者不說全部至少大部分會都是獸類，都有獸性或曰劣根性表現。寫到這裏，想起近年那些大肆粉飾吹捧歷代帝王的影視劇，真不知其作者將作何感想。

這裏，有必要釐清歷史研究中存在的帝王崇拜論。此論流毒深廣，蔓延至今。那些令人厭惡的歌頌歷代帝王的影視劇便都是這種論調在文藝創作中的反映。歷代帝王是歷史長河中被史家著意突出的角色，梁啟超說二十四史是歷代帝王的「相斫書」。相對於勞動群眾來說，歷代帝王影響歷史進程的作用比百姓個人要大些，這也是事實。

但在這一點上，即承認歷代帝王影響歷史進程的作用較大，卻不能因此而認為歷代帝王可以主宰歷史進程。唯物史觀認為，歷史活動是群眾的事業，隨著歷史活動的深入，必將是群眾隊伍的擴大。是人們自己創造著自己的歷史。也就是說所有的人都有在參與歷史的創造。至於這種創造是促進文明發展還是阻礙文明發展，則要具體分析歷史參與者的活動性質（是進步的還是反動的）。又由於歷史創造活動不是隨心所欲的創造，而是受一定前提和客觀條件的限制的，其中經濟的前提和條件歸根到底是決定性的。這個經濟的前提和條件就是一定時代生產力發展的水平。所以人類歷史首先是生產力的發展史，又由於勞動群眾是生產力構成中的主體，是生產力中最活躍的因素，因此只有勞動群眾才是推進生產力即促進歷史文明進步的決定性力量。當然這不是說歷代帝王或大人物在歷史上不起什麼作用，而是說他們的活動並不具有歷史的決定性、主宰性。他們在歷史上的影響要具體地看其活動是順應於、有利於生產力的發展，還是相反，從而做出肯定或否定的評價。

　　唯物史觀上述理論觀點，是人所熟知的老生常談了，但是總有人對此不以為意，甚至另造臆說。比如多數歷史教科書雖然承認勞動群眾是決定歷史和社會文明進步的主體，但仍強調帝王之類大人物能夠主宰歷史進程的快慢，他們援引馬克思的話：「發展的加速和延緩很大程度上取決於這些『偶然性』的，其中也包括一開始就站在運動最前面的那些人物的性格這樣一種『偶然情況』。」（《致路·庫格曼》1971.4.17）這裏，馬克思是在講歷史的必然性決定歷史發展的大方向，而歷史進程的快慢則取決於歷史的偶然性。但要明白，歷史的偶然性是由多種因素結合起來形成的，這多種因素中確實包括有大人物性格之類的因素。問題是大人物性格只是多種因素中的一個因素，並不是全部因素，只有大人物的因素並不能完全造成歷史的偶然性。因此不能不加分析地混稱只有大人物們性格之類的個別因素就足以造成歷史偶然性從而決定歷史進程的快慢。對此邏輯推斷如無異議，那麼顯然馬克思並不認為，只有大人物就足以主宰歷史進程之快慢。也就是說，帝王之類大人物們的性格之類因素，可能是造成歷史偶然性的必然條件，而不是充分條件。不知何故，我們的歷史家總是要瞄著大人物做文章？可是這樣一來，就給人們留下一個漏洞：似乎歷代帝王之類的大人物竟能因其性格之類的個別因素主宰歷史進程的快慢，因而大肆歌頌歷史上有作為的帝王就有正當的理由了。

　　在筆者看來，歷史進程應是歷史上所有人的合力決定的。這種合力有著不自覺的不以個人包括帝王的意志為轉移的客觀性質。而個人活動卻往往是有意識的，有主觀性的，就像是長江大河萬流朝宗奔向大海，任何個人因素都不可能左右這一洪流的前進方向，就像水往底處流必然受地心引力一樣。長江大河向東流的必然性不可

阻擋和加速，它絕不會因河流中一朵耀眼的浪花而轉向，歷史上的帝王大人物不過就是這樣一些耀眼的浪花而已。當然，比喻總是蹩腳的。作為有意志有選擇的帝王大人物畢竟不是水流中的浪花，他們也會有所作為，從而構成歷史進程中有影響的因素，但他們的作用不能與勞動群眾合力的決定性作用相比擬。因為二者具有不同的性質，所以說，傑出人物不過是滄海一粟，才是正確的。

這裏重溫馬克思對歷史人物作用的有關論述是有益的。1871年9月25日馬克思發表〈紀念國際成立七周年〉的講話，其中肯定地評價了第一國際的歷史功績，並嚴正指出：「它的努力至今所獲得巨大的成就，是由於國際會員們本身所不能支配的情況。國際的建立本身，也是這種情況造成的，而絕不是由於國際參加者的努力。建立國際不是某幾個能幹的政治活動家的事；世界上所有的政治活動家都不能創造出使國際獲得成就所必需的那種局面和條件。」

又說：「促進國際獲得這樣巨大發展的情況，是由於全世界勞動人民遭受到日益加劇的壓迫。國際獲得成就的秘密就在於此。」

要知道，馬克思在當時是第一國際的領袖、靈魂。馬克思高度評價第一國際，卻根本沒有把國際的功績攬在自己頭上，當然也不歸功於能幹的政治家，而是歸功於遭受壓迫剝削而奮起反抗的全世界勞動人民。這不是什麼偉大的謙虛，而是實事求是，否則便成了貪天之功。那種總是吹捧歌頌帝王豐功偉績的論調，可以休矣。

綜上所述，歷史上的帝王之類大人物由於從事爭權奪利，假公濟私的政治活動或腐敗無能、窮侈極欲。他們多數在歷史進程中起著阻礙或破壞生產力發展的作用，所以他們是造成中國古代文明進程延緩或倒退、造成近代中國落後於世界的元兇。只有少數帝王如

唐太宗李世民等君臣（類似的有漢文帝、後唐明宗、宋太祖、清康
熙帝等）在其執政時期，主持（但不是唯一的決定）實施過有利於
發展生產力的措施，這有利於社會的文明進步，有助於歷史的較快
發展。但「貞觀之治」之類的功績並非僅是李世民這些個人的功勞。
總體上來說，中國歷史上的開明君主除了在其立國之初一段時期
（如文景之治、貞觀之治），始終是造成古代中國歷史緩慢發展的
一個直接原因。毛澤東就說：在專制主義的中央集權的封建國家，
「地主階級這樣殘酷的剝削和壓迫所造成的農民極端的窮苦和落
後，就是中國社會幾千年在經濟上和社會生活停滯不前的基本原
因。」（〈中國革命和中國共產黨〉）

關於遊民、匪類、暴民

　　說歷代帝王及皇權專制是長期造成中國歷史發展緩慢的一個直接原因，這恐怕在學界是公認的，無須詞費。但是作為被統治的下層群眾是不是就都是歷史合力中的推動者呢？

　　誠然，歷史是勞動群眾創造的。但我們知道勞動群眾不完全等同於下層群眾，故而不能含混地認為所有下層群眾都是歷史推動者，因為下層群眾中也有遊手之徒和害群之馬，這也是不爭的事實。我們理應正視這個事實。

　　近年來學術界不少學者開始注重有關「遊民文化」的探討，大都認為歷史上的遊民對社會文明進步具有破壞性。友人王學泰是這方面的領軍人物，發表有〈被忽視的遊民與遊民文化〉一文，認為遊民文化比古代主流文化「顯得更缺乏理性、更沒有是非觀念、更野蠻黑暗」（見《皇帝與流氓》，太白文藝出版社，2001 版第 215 頁。王學泰另有專著《遊民文化與中國社會》，學苑出版社，1999，可參）。

　　王學泰考證，中國近代注重研究歷史上遊民問題的學者首推杜亞泉。杜氏早在 1919 年就發表過有關文章，認為遊民是過剩的勞動階級，其成分有兵、地棍、流氓、盜賊、乞丐等，他們與過剩的知識階級中的一部分結合，對抗貴族階級……秦始皇以後，二十餘朝之革命……不是政治革命，也不是社會革命，只能說是「帝王革命」。這種革命一旦成功，他們自己就貴族化了，於是再建貴族化

政權，而社會組織毫無變更（轉引自《皇帝與流氓》，太白文藝出版社，2001 版，193～194 頁）。

　　王學泰繼續了杜亞泉的研究，著重對古小說《三國演義》、《水滸》、《說唐》等的分析研討，揭示遊民文化在國人劣根性中的表現及社會危害。

　　我認為，杜亞泉、王學泰批判的遊民及遊民文化的提法似不盡確切。因為遊民這一群體未必都是好逸惡勞的不逞之徒、害群之馬。比如農村不定期的打短工者、災年中的逃荒者、集市上的游商小販與算命先生、街頭賣藝者、被迫賣身的妓女，其中不少是社會邊緣上的良民，有的被迫流亡、轉死溝壑，有的生活艱難，苦撐苦熬，卻也有寧死不偷盜，操守凜然者，像人們豔稱的明清之際的名妓（秦淮四美中的李香君、柳如是），均有高尚的民族氣節，值得稱道。總之，全體群眾是由各式各樣的人組成的，並不是單質的集合體，籠統地說人民群眾都在推進歷史文明進步，是不符合事實的。關鍵要看人民群眾中哪些人是歷史進步的推動者，哪些人卻阻礙或破壞歷史的進步。參與歷史活動的群眾都是有目的有主動性的個體，各自有不同的目的動機和利益。歷史既由人們合力在推動，但參與歷史活動發揮的力量方向卻各不相同，有積極的正方向的推進者，也有逆向的阻礙者、破壞者。彼此的力量有同方向的推動合力，也有相互衝突的抵消，所以最終產生的歷史後果往往同每個人的願望不一致，這是恩格斯已論述過的（見《費爾巴哈和德國古典哲學的終結》）。因此，對人民群眾的歷史作用也要做進一步的具體分析。大體說來，只有群眾中的勞動者才是歷史進步的動力，而非勞動者中卻不乏形形色色反文明、反社會的阻礙歷史進步者。

　　群眾中反文明、反社會的惡人中確有遊民分子，但不是遊民的全部。在下層群眾中混跡的惡人除了杜亞泉所舉的兵（應是兵痞）、地棍、流氓、盜賊、和王學泰所論的江湖中人等，還有各色人等如村中的惡霸（土豪劣紳）、地頭蛇、訟棍、邪教主、土匪（草頭王）、妓院老鴇與皮條客、制毒販毒吸毒者、海盜、賭徒、亡命徒、黑社會頭目之類，可統稱為莠民，其中嗜血施暴者即為暴民。反文明、反社會的惡人，從更廣泛的意義上當然還應包括前述歷代的上層人物如獨夫民賊（暴君、昏君）、軍閥、權奸、貪官污吏、巨奸大蠹等。

　　確切地說，這些惡人可稱為匪類。匪者，非也。雖然其外貌也是人樣，從本質上都已獸化，是非人類，是衣冠禽獸。這些匪類，有上下層之分，上層匪類以歷代帝王暴君昏君和貪官污吏為一集團，可稱官匪；下層匪類即是流氓、地痞、土匪等各色惡人，可稱民匪。官匪民匪以不同的作惡方式匯合起來，形成一股歷史的逆流，諸惡相濟，共同阻礙社會的文明進步，它們是人類之禍害、民族之敗類。

　　在學術界看來，中國社會問題集中地反映為農民問題，特別地歸之於土地問題，又說：「嚴重的問題在教育農民。」這當然是很正確的。但由此，人們往往把所有問題歸之於農民的愚昧落後，這就不免良莠不分，含混而籠統。農民是小私有者，也是小生產者，具有許多弱點或缺點，如保守、狹隘、目光短淺、缺少文化等，但作為勞動者，他們並不是文明的敵人，相反卻是歷代文明創造的基礎性力量，不能籠統地把他們同匪類劃等號。其實，真正的農民、本分的農民更有許多優秀品質。他們吃苦耐勞、克勤克儉、誠信務實、堅忍不拔、尊重知識而富於正義感。在中國歷史上，正是由這

些千千萬萬的不知名的農民默默地勞作，支撐著社會的正常運行，構建著中國歷代輝煌的物質文明和精神文明的基礎。他們才是中國的脊樑。故而，絕不能把他們同匪類等量齊觀。

中國近代以前的社會結構成份，按《管子》的說法是「士農工商」，這是就職業來劃分的，不是明確的階級成分劃分。是不是古代中國沒有階級？不是的。只要社會存在剝削者、壓迫者和被剝削者、被壓迫者的人群對立，就說明有階級存在，同時也就有階級矛盾和階級鬥爭存在。但在古代中國，典型的階級和階級鬥爭卻不明顯。就士農工商這四民而言，商人在古代中國社會地位低下，不是社會的主導勢力，工是小手工業者、手藝人，或是官方作坊、手工工廠的勞作者，也沒有什麼政治實力，亦屬被奴役者。只有士農有分化且彼此滲透。農民子弟通過受鄉村私塾教育可以成為士，也可以通過財富積累成為地主。發了財的地主可以買官或捐官獲得官職，但沒有實權，只是成為基層有聲望的鄉紳。其他的士，則不然。士在先秦最先是武士，而後有文士、遊士等，本來大多是自由民，稱國人，有少量土地或財產，但有參政權。士人可通過推薦、自薦或考試，躋升官僚權要行列，成為統治階級。秦漢以後，士可以通過察舉、九品中正制和後來的科舉制，上升為官僚統治階級的成員。在四民之上則是皇帝貴族和大小官僚及軍隊組成的統治集團。從總體看，農民數量龐大，是社會的基礎。官僚統治集團人數少，卻因為掌握國家政權、社會資源和暴力機器，成為社會的主導力量。而所謂匪類便是上層帝王官僚中的暴虐者和下層四民中生計無著的暴民或曰墮落分子。所謂中國古代激烈的社會衝突或農民戰爭，大抵是在暴虐者高壓下，或劇烈的自然災害降臨時，脆弱的小農經濟發生崩潰，下層群眾求生不得，鋌而走險，奮起造反導致的，

而這種「逼上梁山」的造反多數是由下層遊民中的「勇敢分子」率
先帶頭和領導的。這種造反在發動時期或開始階段具有正義性，雖
然必然表現為血腥暴力形式，但不能苛求這種歷史的局限與無奈。
這種暴力造反（暴動）比起漫長的在暴虐者統治下受盡欺凌而無以
求生的境況下畢竟時間短暫，而且有希望通過剝奪暴虐者的土地和
財產緩和或化解廣大農民的對抗情緒，改善嚴酷的生存條件，使農
民在困境中喘一口氣，求得苟活之安。這就是史學家以往倡言的「讓
步政策論」的依據所在，也就是歷代農民戰爭推動歷史進步作用的
時期。

　　問題的關鍵在於，農民的造反暴動多為有組織能力的頭目帶頭
發動、組織。在古代汪洋大海般脆弱的小農經濟條件下，造反者提
不出有別暴虐專制的新的政治綱領和奮鬥目標，更談不上構建什麼
民主政體，他們的政權組織只能在舊制度的圈圈裏打轉。秦末農民
起義的領袖陳勝奮起造反說：「王侯將相，寧有種乎？」劉邦投入
起義時看到秦始皇的咸陽宮，不禁自言：「大丈夫當如此也！」而
項羽的雄心則是「彼可取而代之也！」請看他們的動機，都是要「打
倒皇帝做皇帝」，是「皇帝輪流做，今日到我家。」這些造反領袖
一旦羽翼豐滿，實力壯大或奪取了政權，就只能是效尤於舊統治
者，多半轉變為新一代暴虐者。陳勝建立張楚政權，大興宮室，極
盡排場，昔年的老朋友看到後驚呼：「夥頤，涉之為王沉沉哉！」
但終於受到陳勝（涉）的冷遇，陳勝早已不是原來那個樸實的傭耕
者了。劉邦後來當了皇帝，命叔孫通制定了禮儀規矩，他得意地說
「吾乃今日知為皇帝之貴也。」驕橫之意溢於言表。正如毛澤東所
言他們的造反，最終除了滅亡之外，就是做了改朝換代的工具，而
造反領袖一旦轉變為新的暴虐者，就勢必將當年暴動的正義性消解

殆盡，成了作威作福的統治階級代表。長此以往，便會再一次激化社會矛盾和衝突，引發新的動亂。於是，本來是替天行道、拯民於水火，卻自覺不自覺地走向反面，為己謀私，陷民於水火。本來是以暴止暴，卻變成以暴易暴，勞動群眾的偉大力量被利用來作為謀求私利的工具。這幾乎成了歷史的規律，就像朱元璋稱帝時所言：「原本是打家劫舍，沒想到弄假成真。」打家劫舍並不是革命，而是土匪強盜行徑，而「沒想到」則說明朱元璋不由自主地在成王敗寇中轉圈圈。這種王寇轉換形成一輪又一輪的歷史怪圈，就形成當年黃炎培在延安窯洞中對毛澤提醒的歷史週期率。應當說，這就是漫長的中國古代史只能緩慢地前進的主要原因。要打破這一週期率，除非有新的大工業先進生產力及新生產關係的產生，以及與此相匹配的進步社會制度的構建，才可能實現。

在此，我們不能不再次驚佩先賢陳獨秀有關論述的精闢，陳獨秀在其〈革命與作亂〉一文中清晰地指出：

> 我們為什麼要革命？是因為現在社會底制度和分子不良，用和平的方法改革不了才取革命的手段。革命不過是手段不是目的，除舊佈新才是目的。若是忘了目的，或是誤以手段為目的。那便大錯而特錯。政治革命是要出於有知識有職業的市民，社會革命要出於有組織的生產勞動者，然後才有效果。若是用金錢煽動社會上最不良的分子（無職業不生產的流氓、地痞、盜賊）來革命，這種無目的之革命，不能算革命，只能算作亂。革命底目的是除舊佈新，是要去舊的換新的，是要從壞處向好處革，若用極惡的分子來革命，便是從好處向壞處革了；那麼，我們為什麼要革命？

　　革命是神聖事業，是不應該許社會上惡劣分子冒牌的呀！」
（見引於孫郁〈無畏的文字〉，《隨筆》2009，第 1 期）

　　陳獨秀的這段話，對革命的性質及革命與作亂的區別，說得再
明白不過。如果沒有這一認識，將革命與造反看成一回事，籠統地
講「造反有理」，如陳氏之言，「那便大錯而特錯」。回顧近百年中
國革命史，其間的經驗教訓，是不是太深刻了。

中國農民與地主的階級矛盾

　　自耕農是千年以來中國古代農業社會的基礎。這個社會基礎不能穩定，社會就不穩定。這個社會基礎發生動亂，社會就會發生震盪，或者改朝換代。

　　自耕農成為社會基礎不是從來就這樣的。自耕農的產生大約在春秋戰國之交，是當時土地私有化的產物。

　　這裏，需要概括地說明一下中國土地制度發展變化的軌跡。

　　在春秋時期，中國是宗法制社會，土地屬於國有，即「普天之下，莫非王土；率土之濱，莫非王臣。」社會階層由天子、諸侯、卿大夫、士、家臣農奴等構成。其中卿大夫以上是統治者，士是自由民（平民），家臣農奴只是社會的最底層。家臣農奴是社會的消極台柱（馬克思語）。中國西周到春秋時期的宗法制社會不是典型的奴隸社會，這與西歐不同。這種宗法制社會保留有原始社會土地公有（國有）的遺跡，即井田制。在井田制下，農民「二十受田，六十歸田」，「三年一換土易居」。井田的土地定期丈量即「正經界」，定期平均分配，井田土地先是屬氏族公有，後是屬國家（莫非王土）所有。所謂士人階層大抵出於領有土地的自耕農，即《孟子》所謂「五畝之宅樹之以桑……雞豚狗彘之畜無失其時……百畝之田，勿奪其時，八口之家可以無饑矣」。又所謂「願受一廛為氓」者，亦係此類。這種井田制度，當是馬克思講的「亞細亞生產方式」的中國模式。

　　春秋末期，井田制逐漸崩潰。井田制是「方里而井，井九百畝，其中為公田，八家皆私百百畝，同養公田。公事畢，然後敢治私事」（《孟子‧滕文公上》）。但春秋末，普通出現「民不肯盡力於公田」（《公羊傳‧宣公十五年》）。的現象，說明井田制無法激勵民眾的生產積極性。民眾不治公田，就不能保證統治者的所需，在諸侯相爭、戰爭不斷的情況下，必然會要求變革。《詩‧大雅》云「人有土田，女反有之；人有民人，女復奪之」，就反映了民眾化公田為私田的普遍要求。於是就有齊國的「相地而衰徵」，晉國的「作爰田」，「作州兵」；魯國的「初稅畝」，楚國的「量入修賦」。到戰國時代，秦國經商鞅變法「除井田」、「開阡陌」，「使黔首自實田」，土地「民得買賣」，終於「國富民強，天下無敵」，統一中國。可見，土地私有化在當時大大促進了生產力的發展，是歷史的必然。

　　土地私有的好處一旦體現出來，便成為不可阻擋的歷史潮流。雖然後來也有如王莽的復辟井田，太平天國領行《天朝田畝制度》，均形同迴光返照，不成氣候，無法通行。

　　戰國之後，中國帝制社會確立直到清朝滅亡而結束，小農自耕經濟日益發展壯大，但同時伴有大地產莊園經濟、地主租佃經濟。大莊園經濟在東漢、魏晉南北朝直至隋唐都存在，是統治者憑藉特權廣占土地，役使農民耕種。如西晉頒行過占田制，規定「國王公侯，京城得有一宅之處」，「其官品第一至第九，各以貴賤占田。」但在廣袤的土地上，廣大編戶則是「男子一人占田七十畝，女子三十畝……」這都是由法律規定的。這些占田的編戶當然是自耕農，屬於人口的大多數。隋唐繼續推行的是北魏的均田制，北魏在北方農業區所行的均田制規定男子 15 歲以上，授種谷的露田 40 畝，婦人 20 畝。奴婢同樣授田……這似乎是朝廷分配土地，土地權屬國

有。但已承認私田可以買賣，可以繼承，實質上是土地私有。如「唐太宗口分、世業之制，亦多踵後魏之法，且聽其買賣而為之限。」學者研究認為，均田制下的農民基本上仍然是自耕農。

到唐朝中後期，均田制已廢。唐德宗時實行兩稅法，按貧富等級徵財產稅及土地稅。到宋朝王安石行方田均稅法，丈量土地，亦按土地等級調整稅賦。這些稅法之變動反映出朝廷對土私有制度的一再確認。

明清兩代，明朝實行一條鞭法，清雍正時實行攤丁入畝。這些稅制都維護和鞏固了土地私有制。那麼，還有沒有大莊園土地佔有的情形呢？有的。如明清兩代均有皇莊、官田存在。明代有賜田、屯田、百官職田、邊臣養廉田、還官田、沒官田、斷入官田、學田之類名目，皆屬官田，其餘更多的土地均屬百姓的民田。清初以八旗兵統一天下，旗人貴族一度大量圈佔土地，但海內平定後朝廷即下令禁止圈地。其時官田甚少，大約為全國耕地的 7.4%，90%以上皆民田。可以說，明清兩代在中國已形成穩定的汪洋大海般的自耕農社會基礎。這種情況一直持續到民國年間。自耕農之所以成為古代中國的基礎，說到底，是由於它實現了在當時的歷史條件下勞動者與生產資料（土地）的直接結合，能實現農民利益的最大化。通俗地講，為自己幹活總比替別人幹活來得更有勁。

據黃仁宇研究，1929 年中國「半數以上的農民為全自耕農，不到三分之一為半自耕農，其他百分之十七為佃農，在小麥地區四分之三的農民為全自耕農。」毛澤東 1928 年作的〈井岡山的鬥爭〉一文中指出，當時邊區的土地，地主占地為百分之六十，農民只占百分之四十。農民地少或無地，自然會引發革命的土地戰爭。

　　綜上，中國古代土地在先秦井田制破壞後，出現了大地產莊田制（包括官田）、地主租佃制和小農自耕制。最後以後兩種私有制相結合，成為社會基本的農業經濟制度。（以上參盛邦和〈中國土地權演化及地主租佃、小農自耕模式的形成〉，載《中州學刊》，2009年第 1 期）

　　在這樣的制度下社會矛盾必然體現為土地所有權上的鬥爭。土地是農民的命根子，歷代皇朝儘管都有法律規定分給農民土地的條文，但由於皇室官僚權貴之類官匪和大小地主貪得無厭的私利衝動，總是要更多地侵佔土地並加緊剝奪農民。這一方面造成權貴官匪超限度的苛捐雜稅，盤剝廣大自耕農，一方面由於大小地主千方百計兼併土地，使失地的自耕農無以為生。小農經濟又是脆弱的經濟，在官匪和地主雙面擠壓下，如果又遇上自然災害，就必然激化社會矛盾。

　　通常情況下，在上述雙面擠壓中，官匪們對廣大自耕農的苛暴壓榨更甚於地主。因為安分守己的自耕農總是渴望和平安定，想過好自己的小日子。不到忍無可忍，萬不得已，被逼到絕路時，不肯捨命造反起義。只有在求生不能的絕望情況下，倘又有有膽有識的強梁者首先發難，才會發生一夫倡亂、應者雲從的反抗浪潮。其結果或是被鎮壓下去，或是改朝換代。

　　除了戰爭動亂年代，在社會安定時期，中國古代的地主階級與廣大農民群眾固然有剝削與被剝削的階級矛盾和對立的一面，但同時也還有彼此相互依存、互利共生的一面。只要頭腦正常，地主階級就不至把其剝削對象如蔭戶、佃戶、租地者、扛長工者逼向絕路。道理很簡單，矛盾的雙方一旦消滅了對立面，就等於消滅自身。如果被剝削的農民活不下去，就等於毀掉了地主們積累財富的來源，

地主們是很會算計其中得失的。過去的歷史研究強調歷代農民造反是地主與農民的矛盾激化所引起的。但新近的研究表明，籠統地控訴地主的罪惡，是不確切的。研究者指出，「在歷代的農民戰爭中，提出的訴求最集中的都是衝著專制政府的橫徵暴斂來的」，「歷代農民戰爭都是官逼民反，沒有主逼佃反一說」。這意味著農民造反是帝王官匪所逼，並不一定是一般中小地主所逼。以往的歷史研究多認為在古代地主大量兼併土地，使農民失去耕田而流亡，激起造反。但研究者指出，過去所說由地主佔有 70% 的土地，農民只占 30% 的土地，因而激化矛盾，也是不確切的。據中央黨校郭德宏先生的計量研究，民國年間地主所占土地只有 1/3，農民占地則達 50% 以上，其餘為富農等佔有。結論是：「自耕農所占的比重比我們以往所講的要大得多。」在參加造反起義的農民中主要是「自耕農（甚至有平民地主）與官府的矛盾」，這從「自古以來中國的大規模農民戰爭不斷提出抗役、抗糧、抗稅的訴求，但沒有提出抗租」可以證明。這些史實說明，農民造反主要是反抗帝王官匪，不是反抗一般的地主（參秦暉〈農民中國：歷史的反思與現實的選擇〉，《江蘇文史研究》，2004，第 1 期）。可見，一般中小地主與農民（包括佃農）的階級矛盾並不總是激化到你死我活的地步，帝王官匪的暴政才是激起農村自耕農奮起造反的禍由，孔子所謂「苛政猛於虎」，良有以也。所以，在上半個世紀，不少的「憶苦思甜」教育中，我們時而聽到農民不是訴先前的地主剝削之苦，而是訴 1960 年至 1962 年三年饑餓之苦，對先前的地主反倒是說他們在雇工時善待自己。在中共奪取政權的戰前動員中，曾不斷演出過以激勵士氣的有名歌劇《白毛女》，其中有惡霸黃世仁逼死農民楊白勞的劇情。現在知道，原型題材本出自晉察冀邊區作家李滿天的小說《白毛女

人》(見景凱旋〈一個革命話語的產生〉,《隨筆》,2009.27),該作品原只是為反迷信而作,所謂黃世仁之惡行多出於歌劇創作者的虛構;而暢銷一時的憶苦小說《半夜雞叫》,所述地主周扒皮苛虐長工的故事,也出於作者高玉寶的虛構;還有文革中大力宣傳四川地主劉文彩「收租院」的雕塑作品,其控訴內容亦屬於子虛烏有,四川大邑縣當地農民甚至認為劉文彩是辦過不少好事的善人(參沈敏特〈何必你死我活〉,《雜文月刊》,2009、5 期)。那麼,是不是說在地主分子中就沒有匪類惡人呢?當然不是。地主中確有成為橫行鄉里的惡霸、土豪、劣紳的分子,但這些人其實也是少數。否則就不好解釋為什麼中國古代會有許多「義僕」的故事。據經歷晉西土改的知情人講,開明士紳劉少白在家鄉土改中被錯誤批鬥,其長工某曾受劉的恩惠,劉為之娶妻置產,但其人在運動的煽動下奮起揭發,朝劉臉上猛唾痰液,劉當時即愕然,繼之老淚橫流。更不必說劉少白的老友,也是開明士紳的大地主牛友蘭先生,曾毀家紓難為八路軍提供過大量資助,供應過一個團的軍需物資,還受過毛澤東的接見和表彰。但牛卻在「鬥牛大會」中被穿鼻狠鬥而絕食死去。這裏並不是要為地主評功擺好,而是想說明中國地主階級中並不全是惡人,惡人在地主中也是少數。綜觀中國古史,農民的造反更主要的原因是帝王匪類的苛稅和徭役的逼迫壓榨,一般的中小地主與農民的階級矛盾並不總是激化到你死我活的對抗程度。因此,只能說中國古今確實存在階級矛盾,但這種矛盾只有當其激化到對抗性的程度才有所謂農民造反和起義。而造反起義造成的社會動亂也並不總是會推動社會歷史的前進。中國人絕大多數希望維持社會的和諧安定,企盼天下太平、安居樂業,企盼有開明帝王出現。這同馬克思所講的資本主義原始積累時期社會成員分化為單純的資本家

與工人階級兩大階級，必然導致「剝奪剝奪者」的階級搏戰的情況是頗有差異的。這種差異從根本上說，取決於中西脆弱的小農經濟與現代大工業的歷史條件的不同。

暴虐的帝王官匪

　　史學家雷海宗認為，中國社會自漢代以下只有兩種比較強大的組織，就是士大夫與流氓（《中國文化與中國的兵》，商務印刷館，1940.2）。在古代中國能夠構成團體組織的力量的，確乎是這兩種人。但這樣說還不夠確切。因為士大夫和流氓團體不僅都相對鬆散，而且內部分化很大。士大夫不少人是官僚集團的骨幹，但官僚集團臣服帝王，受帝王控制，其中有擁帝派、依附派，又有限帝派和異端。另外還有大批被排斥淪落的士人。各類士人之間時有矛盾衝突，有時甚至彼此火拼，鬧得你死我活，不可開交，這從歷代黨爭之烈可以見出。由於帝王擁有暴力機器的，所以占支配地位的仍然是帝王之類的官匪。至於下層流氓，本係匪類之主要成分即民匪。總之這兩種匪類確定無疑地是歷史上中國的禍害。

　　匪類在中國歷史上反文明的罪行惡德，可謂擢髮難數，翻一翻史籍文獻真是觸目驚心，令人髮指。

　　不妨舉一些官匪中的帝王暴虐的例子：

> 夏桀商紂是眾所周知的暴君，不必詳述。就看考古發現的歷代商王的人殉（大抵是殺俘）數量之多，就足以駭目驚心。春秋戰國時代諸侯爭霸，兵禍連結，孔子譴責過「苛政猛於虎」，孟子控訴「爭地之戰，殺人盈野」，老子批評「聖人不仁，以百姓為芻狗」，「民之饑，以其上食稅之多也」，《莊子》揭露「彼竊鉤者誅，竊國者為諸侯，諸侯之門，而仁義焉存」，

可見先秦的國君諸侯是些什麼東西！難怪孔孟仁義之道不
能行乎天下！老莊謙退之論，無以施於世間！

僅以戰國末的秦國為例。秦王窮兵黷武，殺人成性。雷海宗先
生據《史記‧秦本紀》與《秦始皇本紀》有統計，凡十五條：

1.獻公二十一年，與晉戰於石門，斬首六萬；

2.惠文王七年，與魏戰，斬首八萬；

3.惠文王后元七年，秦敗五國兵，斬首八萬二千；

4.惠文王后元十一年，敗韓岸門，斬首萬；

5.惠文王后元十三年，擊楚於丹陽，斬首八萬；

6.武王四年，拔韓宜陽，斬首六萬；

7.昭襄王六年，伐楚，斬首二萬；

8.昭襄王十四年，白起攻魏、韓於伊闕，斬首二十四萬；

9.昭襄王三十三年，破魏，斬首十五萬；

10.昭襄王四十三年，白起攻魏，斬首五萬；

11.昭襄王四十七年，白起破趙於長平，坑降卒四十餘萬（此
　　數容有誇大——引者注）；

12.昭襄王五十年，攻三晉，斬首六千，晉軍走死河中二萬；

13.昭襄王五十一年，攻韓，斬首四萬；攻趙，首虜九萬；

14.王政（即後來的秦始皇）二年，攻卷，斬首三萬；

15.王政十三年，攻趙，斬首十萬。

（以上見引於雷海宗《中國的兵》，中華書局，2005.7）

秦統一中國在秦王政二十六年（前221年），以上所列均在戰
國時期，秦國以虎狼之師橫掃中國，多次成千上萬地殺人，所殺之
人均為列國的官兵，都是壯勞力，也就是極大地破壞生產力。如果

說統一全國，安定天下，有利於經濟的恢復發展，那麼為了統一而大批量殺戮百姓，是不是付出的代價也太大、太血腥了？然而，秦始皇統一中國之後，以為天下莫予毒，便繼之以修陵墓、修宮殿、修馳道、築長城，巡行天下，行封禪，求仙藥，嚴刑峻法，以吏為師，徭役繁重，勞民傷財，乃至焚書坑儒，直弄得民窮財盡，無以為生，激起反秦大起義，不二世便一舉顛覆了秦王朝。

帝王們都是十足的唯心論者，自認為是天命的承擔者，是「真龍天子」，是神在人間的化身，要百姓頂禮膜拜。他們還奪占了一切人間偉大的美德名號，如歷代皇帝上尊號都有一連串的閃光字眼，像唐玄宗之尊號為「開元天地大寶聖文神武孝道證道皇帝」，長達十六字，其虛偽性無以復加。而另一面，他們在生活享受上又是徹底的粗鄙唯物主義者。因為，他們是天下為自己的私產，臣民全是他們的奴僕，故而錦衣玉食，花天酒地，醉生夢死。他們操予取予奪之權，口含天憲，朕即國家，人莫予毒，極其霸道，卻又疑神疑鬼，猜忌膽怯，色屬內荏之至。曹操說：「寧使我負天下，不使天下人負我！」道破了天下帝王的反社會心理。本來他們就是強奪「天下乃天下人之天下」為私產的竊國大盜，其專擅的政權是贓物，所以總是時刻提防別人取而代之，寢食不安。古諺云「盜憎主人」，帝王尤其如此。他們總是以濫殺臣民為能事，動輒殘民以逞，惟恐失掉既得利益。因為無償竊奪的天下是一筆難以承受的巨額財富，藏又藏不得，扔又捨不得，他們就無節制地糟害，視財物如糞土。為此，他們必須加強「保衛」，嚴格「保密」，以此「二保」來維持窮侈極欲的尊榮。一方面是佔據高位，作威作福，顯得威風八面，唯我獨尊，要臣民畏服膜拜；一方面又極其自私，深怕失落，顯得鬼鬼祟祟，施盡陰謀詭計，拒諫飾非，控制思想，以自欺欺人。

所以他們總是心懷鬼胎，疑神疑鬼，往往導致心理焦慮和劇烈的內心衝突，不免精神異常。這就難怪歷代帝王多有歇斯底里、施虐狂、嗜血者、行為怪誕、不可理喻的昏暴之君。如周厲王貪財好利，卻「防民之口甚於防川」，以殺人止謗（《史記・周本紀》）。三國時東吳的亡國之君孫皓有意讓群臣醉酒，觀其失態，輕則加罪，重則嚴刑；後宮美女數千，偶不中意便殺之；有時對臣下用刀剝臉皮，剜掉眼睛，棄屍於水渠（〈江表傳〉）。南朝劉宋後廢帝劉昱「天性好殺，以此為歡，一日無事，輒慘慘不樂。」他外出遊玩，遇人即殺，致民間憂懼，行人殆絕（《宋書・後廢帝紀》）。北朝的北齊文宣帝高洋，史稱其「縱酒肆慾，事極猥狂，昏邪殘暴，近世未有」，有時故意奇裝異服在街上亂逛；竟命宰相楊愔揩拭他大便後的竹製廁籌；平時製大鐵鍋與鋸、銼、錐刑具，安放殿上，每醉酒便殺人取樂，所殺之人多肢解，投之於火或棄之於河。他有二位才智出眾的弟弟，被他視為後患，便藉故抓起關入鐵籠，活活燒死；對他篡奪的東魏元氏皇族，他嚴加防範，後來將元氏皇室滿門抄斬，殺死721 人（《北齊書・文宣帝紀》）。北齊後主高緯心理變態，精神自閉，不與人接，卻暴虐無狀，命人聚蠍於盆，使人裸臥其內，聽其「號叫婉轉」，他卻「喜噱不已」（《北齊書・後主紀》）。隋煬帝是與秦始皇並稱的暴君，因楊玄感反叛，從者甚眾，便說：「天下人不欲多，多即相聚為盜耳！不盡加誅，無以懲後。」他營東都，造宮殿，修西苑，築離宮，修長城，開運河，造艦船，征高麗，常年巡遊，使民眾無以逃死。但在垮臺時卻內心極度虛弱，常攬鏡自顧說：「好脖項，誰當斫之！」（《資治通鑑・隋紀》）史稱其時「轉輸不息，徭役無期，士卒填溝壑，骸骨蔽原野。黃河之北，則千里無煙；江淮之間，則鞠為茂草。」（《隋書・楊玄感》傳）遼穆宗終日

沉醉，嗜殺成性，近臣多遭手刃，甚至被炮烙肢解，習以為常，形同桀紂而有過之（《遼史・穆宗紀》）被稱為雄才大略的明太祖朱元璋和明成祖朱棣均嗜血好殺，朱元璋興胡蘭之獄，殺45000人，株連冤死者甚眾。成祖篡位誅死方孝孺十族。雖然以上暴虐之君不是歷代帝王全部，但歷代帝王中英明仁慈者確實不多，像被稱為明君的唐太宗李世民尚不免「鮮克其終」，為禍於民，遑論其餘。魯迅有言，一針見血：「自有歷史以來，中國人一向被同族和異族殺戮，奴隸，擄掠，刑辱，壓迫下來，非人類所能忍受的楚毒，也都身受過，每一考察，真教人覺得不像活在人間。」（《且介亭雜文・病後雜談之餘》）。

　　儘管帝王的德行如此醜陋可惡，但帝王們富有四海、威服天下、縱情任意、為非作歹的快感仍然被許多民間的不逞之徒豔慕而追逐不已，故章太炎說：「帝王思想，人皆有之。」（見引於錢基博《中國現代文學史》）話說得有點絕對，但乘勢而起，覬覦大位，企圖僥倖取勝，一圓帝王夢的民間匪類代不乏人。爭權奪利，不擇手段，正是歷史亂象的常例。英國思想家羅素說：「只有認識到對權力的嗜好是社會事務中重要活動的起因，歷史，無論是古代的或是現代的，才能得到正確的解釋。」（《史書別裁》折頁引語，中國檔案出版社，2004）

造反者中的民間匪類

不能說民間的造反者都有帝王之心。但這類人一旦擁有軍事實力，占山為王，稱霸一方，往往轉化為民匪。他們似乎身不由己，自我膨脹，希求做天下之主。這願望之強烈彷彿魔鬼纏身一般。於是群雄逐鹿，廝殺不休，又是一番生靈塗炭。其中有少數最後勝出者，成了開國皇帝，多數土崩瓦解，歸於滅亡。儘管有這種成王敗寇的分別，但擁有爭霸雄心，以求一逞，卻從陳勝吳廣，到劉邦、朱元璋、洪秀全，概莫能外，連《水滸》上的李逵不是也說：「大宋皇帝你做得，偏我哥哥做不得？」「莫如殺上東京，奪了鳥位，咱們做個小宋皇帝，哥哥做個大宋皇帝。」可見，不但是匪類頭目有此野心，其群下也有此心願。帝王思想，人皆有之，豈不然乎？然而，無辜百姓卻又要橫遭劫難。

《莊子‧盜跖》描寫春秋時大盜名盜跖，其人「從卒九千人，橫行天下，侵暴諸侯。穴室樞戶，驅人牛馬，取人婦女，貪得忘親，不顧父母兄弟，不祭先祖。所過之邑，大國守城，小國入保，萬民苦之」。《莊子》多寓言，容有誇張之辭，但不能說毫無根據。從文中可知，盜跖橫行，天下苦之，其所為凌暴的對象絕不止於諸侯，勢必殃及百姓。其決非弔民伐罪之師，是可以斷言的。

後世農民起義中借正義復仇之名，行殺人越貨之實，所在多有。宋人洪邁《容齋隨筆‧續筆》卷三稱：「晉安帝時，孫恩亂東土，所至醢諸縣令，以食其妻子。不肯食者，輒肢解亡。隋大業末，群盜蜂起，得隋官及士族子弟皆殺之。黃巢陷京師，其徒各出大掠，

殺人滿街，巢不能禁，尤憎官吏，得者皆殺之。」此條筆錄本來是述民眾仇官之深，但如孫恩起事時將諸縣令剁為肉醬，食其妻子，對不食者即殺之，實在是過於血腥殘忍了。隋末群雄，濫殺官員及士族子弟，其懲罪肯定是擴大化，禍及無辜。黃巢軍的濫殺，有黃巢「我花開後百花殺」之句、民間傳言「黃巢殺人八百萬」為旁證。韋莊〈秦婦吟〉亦云「尚讓廚中食木皮，黃巢機上刲人肉」，「天街踏碎公卿骨，內庫燒成錦繡灰」，確係實錄。（參史式《太平天國不太平》76 頁，重慶出版社，2005.1）宋朝方臘起義，「陷數州，凡得官吏必斷臠肢體，探其肺腸，或熬以膏油，叢鏑亂射，備盡楚毒，以償怨心。」暴虐官吏固然可恨，但百姓遭受造反濫殺的池魚之殃，也能說是正義之舉、堂堂之師麼？

　　不能否認，民眾造反為統治者暴虐壓迫所激，統治者是罪魁禍首。卻也不能否認，造反者中有天良未泯、出身貧寒的善良之民，如俠盜、義盜之類的抱打不平、見義勇為者。《後漢書・鄭玄傳》載，鄭玄，高密人。治經學有重名，為重仰慕。東漢末，黃巾軍起義，天下大亂。黃巾軍過高密，見玄皆羅拜，境內無犯，民皆賴以保全。又如范攄《雲溪友議》卷三載，唐詩人李涉遇盜，知其為博士，盜者即禮遇待之，赦涉而去。但這種仗義之行在古代群盜中畢竟可遇不可求，例證甚少。亂世民謠稱「匪來如篦，官來如剃」，官軍掠奪民眾席捲一空，而盜匪之流如篦之掠也夠殘酷，亦勢必大量破壞生產力，導致歷史的倒退。無視這些史實，同樣是不客觀的，何況還有不少造反者殺人如麻有過於官軍者。

　　明末農民軍張獻忠軍嗜血成性，親睹者余瑞紫有《張獻忠陷廬州記》云，張獻忠克安徽六安，「午後，將六安人盡剁其手。先伸左手者砍去，不算，復剁其右手。」另傅吉迪《五馬先生紀年》亦

載，獻忠部下攻簡州，「將昨日擄回男婦盡剁手，號呼之聲勝如雷吼。」這種暴行還出現在獻忠攻破重慶城之時，獻忠下令對被俘軍官寬大為懷，一個不殺，僅剁手為戒，3.7 萬明軍便都罹此酷刑。崇禎八年初，李自成與張獻忠合攻朱元璋老家鳳陽，焚毀朱家宮殿，燒掉明皇陵 30 株參天巨松，光燭百里，「士民被殺者數萬，剖孕婦，注嬰兒於槊，焚公私廬舍二萬二千六百五十餘間。」後轉攻六合，「是日圍六合，裸婦人數千罾城下，愧沮者礫之。」「聚小兒百十，環木焚之，聽其哀號為笑樂。」閏年十二月，攻陷霍山縣「殺戮慘毒：有縛人父與夫，淫其妻女，然後殺之者。有驅人父淫其女而後殺之者。有裸孕婦共卜其腹中男女，剖驗以為戲者。有以大鍋沸油，擲嬰兒於內，觀其跳號以為樂者。有縛人於地，刳其腹實以米豆飼群羊，取人血和米煮粥以飼驢馬。所掠子女百千，臨行不能多帶，盡殺而去，暴酷亙古未有。」張獻忠由湖廣撤入四川，強徵十數萬青壯入伍。《巴東縣誌》云：「盡驅荊州民入蜀，男女扶攜，魚貫而進，越數月始畢。」《巫山縣誌》載，因糧食匱乏，途中餓死者無數，「所擄楚中男婦盡食麥苗草根，死者相枕藉，大江舟絡繹不絕，兩月始盡。屍橫遍野，江水皆臭，居民所遺無幾。」農民軍中受歷來「夫為妻綱」禮教影響，鄙視婦女者頗有其人，因此對婦女殘害尤甚。李自成的大將劉宗敏以自成有帝王之分，立刻「殺其二妻，謂自成曰：『吾死從君矣！』軍中壯士聞之，亦多殺妻以從者。」張獻忠常說：「天下事皆婦人所壞。」所掠美女，常留宿幾次就借故殺掉。占黃州後，將老醜婦女放走，留下貌美者，強之拆城牆。城牆拆畢，即全部殺死於城下。攻打滁州一役，掠大批村婦，盡斷其頭，倒埋在城下，露其陰部對著城下，意謂以陰克陽，想以此壓住城上的大炮，最終卻攻城失利，一敗塗地。以上均引見

於張宏傑〈農民起義書寫了怎樣的歷史——以張獻忠為例〉一文（見《社會科學論壇》2005.5 期）。作者認為：「與地主階級鬥爭十分堅決的革命者張獻忠，他統治勞動人民手段的野蠻下作實在大大過於歷代反動統治者，甚至超過最野蠻的皇帝朱元璋。」究竟張獻忠居蜀殺了多少人，似乎很難統計一個確切數字。民間據說有一通張獻忠的聖諭碑，刻有「天生萬物以養人，人吾一德以報天。殺殺殺殺殺殺殺」一段文字，俗稱「七殺碑」，似乎其濫殺是替天行道，懲罰頑民了，可見其殺性之濃之狂。但也有人質疑此碑，據說碑上只刻有「天生萬物與人，人無一德與天」，是六字二句，沒有七個「殺」字，認為濫殺者本是鎮壓張獻忠餘部的清廷大軍，清軍將其罪行反誣到張獻忠頭上。這當然也有可能，清軍南下時有「嘉定三屠」、「揚州十日」之暴行，殘酷令人髮指，也不是什麼王者弔民之師。但要說張獻忠沒有濫殺，似乎也不是事實。試想張獻忠帶領大量軍隊，吃喝住穿，軍需甚巨，其部四處遊走，不事生產，不可能不向廣大農民籌款催餉，於是為強征軍需而大開殺戒，也是勢在必行，或許未必殘暴過於清軍？《蜀高抬貴手》一書述及張獻忠部及四川本地「搖黃十三家」農民軍夥同殺人的記錄云：「痛乎，明季屠川之慘也。四川南部死於張獻忠部者十分之三四，死於瘟疫、虎災者十分之二三，而所遺之民百不存一矣。川北死於獻者十三四，死於搖黃者十四五，死於瘟、虎者十一二，而遺民千不存一矣。川東死於獻者十二三，死於搖黃者十四五，死於瘟、虎者十四五，死於瘟、虎者十二三，而遺民萬不存一矣。川西死於獻者十七八，死於瘟、虎者十二三，而遺民十萬不存一矣。」這雖是粗略的估算，卻也夠駭人聽聞了！張等暴虐濫殺，畢竟不能虛言視之。抗戰前，魯迅撰文曰：控訴異族奴役中國之苦的文學，自然是對的，但也要小心，「不

可使大家都得著這樣的結論：那麼，到底還不如我們的做自己人的奴隸好。」（〈半夏小集〉）實可謂於史有鑒。國人固然應反抗異族侵略，但倘匍伏於張獻忠之類「農民起義領袖」的統治下，那又是怎樣的處境？那些一味美化農民造反的史學家們是否也該反思一下了？

那麼，近代規模最大、勢力最廣的太平軍起義的情況又是怎樣的呢？

最初洪秀全創「拜上帝教」，據說就是夢中得了上帝的啟示，洪高燒發病即囈語「朕是真命天子」，要「坐得江山，左腳踏銀，右腳踏金」。說明他鬧太平軍，為的就是做皇帝。如此夢囈固不足信，但看他起事後四處攻掠，念念不忘的正是要建立「小天堂」。他動員人們舉家入教，為的是斷其退路，只能奉命死戰，而且軍法嚴酷，違令者動輒斬首，點天燈，五馬分屍。太平軍之作戰勇敢，紀律嚴明，就是用這樣辦法逼出來的。太平軍首克永安城，洪秀全自稱天王，入城後不顧清軍大軍圍困，首先是修繕天王府，並為自己選了三十六個娘娘，並封王爵，仿效的完全是帝王為非作夕的一套。此後，洪又制訂等級禮制，稱其世子萬歲。為供應每天享用10斤肉和逐級遞減的肉食，他將永安百姓所有糧食財物一律沒收，使城內開始鬧饑荒。不久，洪秀全永安突圍，攻打桂林，便激勵部下：「脫盡凡情頂高天，金磚金屋光煥煥。高天享福極威風，最小最卑盡綢緞。男著龍袍女插花，各做忠臣勞馬汗。」為的就是縱情享樂。隨即攻打長沙，在戰事緊張時洪秀全並不負責軍事，卻親自去監督造大玉璽。長沙未攻下，又攻嶽州，下武昌，接著佔領南京，兼攻鎮江、揚州。就在其僅僅佔有的這三座城，洪秀全開始關門過起「小天堂」的日子，他得意地寫道：「一統江山圖已到，

胞們寬心任逍遙。」他在部下中不斷神化自己，內心卻極度虛弱，初起事時戰事吃緊，他卻藉故拋下馮雲山支撐危局，跑回廣東躲起來。三年後，馮雲山在廣西發展了三千多教徒，他又趕往廣西。在他鼓動下，馮雲山舉兵，不幸被官府逮捕，他又逃回廣東躲了一年半。馮雲山被營救出獄，洪秀全才返回廣西。此後，凡有戰事，洪從來不上前線，只在後方作樂。在南京天王府中，他花天酒地，擁有八十個到一百個妻妾，並為這些「娘娘」規定了「十該打」的戒條，如「起眼看丈夫」、「講話極大聲」、「眼左望右望」等，都該打。政事則委於楊秀清去處理。由於楊秀清以天兄之名大權獨攬，導致諸王不和，發生了「天京事變」。洪先是利用韋昌輝殺楊，後來石達開又殺韋，直弄得元氣大傷，瀕於崩潰。洪韋殺楊是斬草除根，共殺楊及其親信六千餘人，「醢而烹之，夷其族」。據說還要高級將領分食楊秀清肉羹，簡直是禽獸不如的酷刑。天京之變後，石達開回師問罪韋昌輝，韋自知不免，索性兵圍石達開之翼王府，殺石達開母妻子女數十人。洪秀全心生畏懼，又利用石達開舉靖難之師，凌遲處死韋昌輝，寸磔其屍，割成二寸之肉塊，懸於木柵示眾。後來石達開出走游擊西南，終被清廷捕獲，於成都被清廷要員駱秉章凌遲。駱之殘酷，與洪秀全誅楊韋如出一轍（參《書屋》2008.8期：蔣藍〈與絞肉機對峙的身體〉）。在這裏，清廷與洪秀全之惡政正是難分彼此。洪秀全之昏聵作惡一直到敗亡亦未見有所收斂，而是變本加厲。當天京將被清軍攻破時，李秀成問他怎麼辦，他說：「朕的天兵多過於水，何懼曾妖（曾國藩）乎？」李秀成又問城中無糧草，餓死了很多人，怎麼辦？洪竟答：「全城俱食甜露（野草煮水充飢）可以養生。」最終洪因食甜露致病死。（以上見引於張宏傑〈心不在焉的革命者：洪秀全〉，載《社會科學論壇》2005.6 期）。

洪秀全實行過什麼進步政策嗎？沒有。對一些史學家稱讚過的太平軍內部有過「政治平等」、「經濟平等」、「民族平等」、「男女平等」及什麼「天朝田畝制」等惠民政策，權威專家史式先生曾著《天平天國不太平》（重慶出版社，2005.1.第一版）、潘旭瀾先生著《太平雜說》對之均有詳實的考辨，結論是這些政績都是不存在的。史式引羅爾綱先生的評語說：「他（洪秀全）這一個宗教，一旦脫離群眾，為個人爭奪服務……那就不僅是成為荒誕的東西，而且變成為一條在脖子上的繩子，把自己越縛越緊，以至於身死國亡。」

綜觀太平軍興亡史，洪秀全就是一個邪教教主、獨夫民賊，是一個民匪升格為官匪的暴君。

最典型的莫過於民國初年被斥為國賊的「四張」，即張宗昌、張作霖、張敬堯、張勳。此四人均出身貧寒，少小受過苦難欺凌，掙扎在社會最底層，或為乞丐遊民，或為無賴盜賊，或為響馬土匪，或為兵痞雜工，都不是本分的自耕農。但在民初混亂的社會動盪中，憑著機巧權詐和敢於冒險，由抓兵權而佔據高位。張宗昌成了直魯聯軍總司令、奉系安國軍副總司令，張作霖則是奉系軍閥頭子，張敬堯當上湖南督軍兼省長，張勳則是自封議政大臣兼直隸總督和北洋大臣，竟率領辮軍搞了十二天的帝制復辟。這四張在大權在握時都背叛了自己出身的勞苦大眾，橫行專制，根本不顧百姓死活，一味作威作福，而且仇視革命，死心塌地地反社會反人民，沒有幹過任何體恤百姓的好事，似乎是變本加厲地反動。「其仇恨革命最典型表現就是濫殺，對階級兄弟從不手軟。」（參顧土〈貧賤者得勢後——重讀民初「四張」〉。見《書屋》，2009，3 期）其斑斑劣跡罪行，載在文獻，人神共憤。張作霖曾與官家子弟陳獨秀同學於陳的叔父陳昔凡。陳獨秀後來成為新文化運動的旗手、革命

家，而張卻是地道的軍閥頭子。從國賊四張的身上不難看到張獻忠、洪秀全的影子。這種由赤貧者而成為暴發戶，由民匪而上升為官匪的現象，是無法用簡單的階級決定論來解釋的。可見，民匪與真正的勞動人民是實質不同的兩個概念，不容混淆。

民匪的從眾作惡心理

　　中國古代近代出現的下層民匪一旦掌握暴力，便轉化為背叛起事初衷（如果有拯民水火的初衷的話）的作惡多端的人間敗類，這是不容否認的史實。但是並不是只有匪類頭目才是殺人魔王，這些匪類頭目的罪行畢竟有一大批回應者、追隨者，這些忠心擁戴，跟從作惡的暴民都是有罪的，應該受到歷史的譴責。問題是，這些暴民原本並不是天生的惡人，多數還是善良的百姓，為什麼在造反洪流中一下子就變成吃人的野獸呢？

　　這要從人的從眾心理來分析。通常單個人獨處會感到孤單、寂寞、軟弱，但要是集合為群體，單個人就會覺得有依靠，有自信，有力量。就施暴犯罪來講，單個人會對此膽怯、畏懼，有負罪感，不敢輕舉妄動。但要是投入群體，共同犯罪，一哄而起，單個人就會有一種淹沒感、匿名感，會以法不責眾來自欺：反正是一群人的共同行為，個人淹沒在群體中，是誰在施暴作惡，在混亂中就不得主名，別人也分不清誰是主謀，即或有知道的，也自以為不會被追究和舉報出來。法國人古斯塔夫‧勒龐著《烏合之眾》（廣西師範大學出版社，2007）一書指出，群眾具有衝動、易變、偏執、極端等心理特點，「孤立的個人很清楚，他不能焚燒宮殿、洗劫商店，但是在成為群眾的一員時，他會意識到人數賦予他的力量，這是以讓他生出殺人搶掠的念頭，並且立刻屈從於這種誘惑」，「群體很容易做出劊子手的行動，同樣也很容易慷慨赴義，成就英雄壯舉」。可見，歷史上的群眾運動本有向善與作惡的兩面性。如果暴行又披

上理想主義的外衣，提出什麼為真理、為公義、為大眾的高尚口號，參與者個人就更會受到激勵，覺得正義在手，肆無忌憚，傾情投入。法國大革命時期羅蘭夫人慨歎：「自由，自由，多少罪惡假汝之名以行。」就是指這種從眾作惡的血腥報復情緒。在這種眾情激憤的浪潮裏挾下，作惡者這時不會自責，反而覺得是一種榮幸，是一種英雄行為，會「義無反顧」地施暴作惡，無法無天。這種從眾作惡的心理衝突，說到底是在乘亂中撈點油水，占點便宜，或純為洩憤，以求快感。於是勢必導致破壞性嚴重後果，產生良莠不辨，玉石俱焚，毀滅文明的效應。這在歷史上有難以盡舉的例證，研究者發現：「甚至紅軍時期也曾發現過類似事件。《黃克誠自述》中記載，湖南暴動時，紅軍在『左』的政策指導下，『各縣大燒大殺，不僅燒衙門機關、土豪劣紳的房子，還要把縣城的整條街道和所有商店都燒掉，而且要將沿衡陽至坪石公路兩側十五華里的所有村莊燒掉。《血泊羅霄》說，這種『燒，燒，燒！燒盡一切土豪劣紳的屋；殺，殺，殺！殺盡一切土豪劣紳的人』的政策，『目的就是要讓小資產者變成無產者，然後強迫他們革命』。農民運動規律，古今相同。」（同上，張宏傑〈農民起義書寫了怎樣的歷史〉；又李慎之〈發現另一個中國〉，見《皇帝與流氓》195 頁，太白文藝出版社.2001 版）此類的殘酷在土改前期亦頗有發生（參魯順民〈「左」傾風暴下的黑峪口〉，載《山西文學》，2005.1 期）。

　　可悲的是，在文革時期仍有此類極端事件出現。據知，1966年 8 月 26 日，北京大興縣公安局傳達了中央首長謝富治的一次講話，導致農村鬥、打、濫殺「四類分子」的嚴重事件，由開始打殺四類分子本人，發展到亂殺其家屬子女等人。自 8 月 27 日至 9 月1 日，該縣 15 個公社 48 個大隊先後殺害四類分子及其家屬共 325

人，其中最大的 80 歲，最小的僅出生 38 天，有 22 戶被殺絕。又
如文革中廣西不少地區，發生光天化日之下巒割肢解「牛鬼蛇神」
等活人，然後對之煮後分食的最野蠻的暴行。廣西武宣縣被吃者達
一百幾十人，其中被吃肉後砍頭的 1 人，挖心肝的 56 人，割生殖
器的 13 人，全部吃光（連腳板底肉都被吃光）的 18 人，活剝生剖
的 7 人。在武宣縣中學，甚至出現了學生批鬥完教師、校長後，在
校園架起爐灶，將他們剖腹巒割，煮熟分食的慘劇。1968 年 6 月
18 日，武宣中學老師吳樹芳在批鬥中被打死後，肝被烘烤當藥用
（見王毅〈文化大革命野蠻性和殘酷性的文化根源〉），收入劉智峰
編《道德中國》，中國社會科學出版社，2001 年 4 月版，249-250
頁）如此血淋淋的罪行，真慘絕人寰。魯迅先生的名篇《阿 Q 正
傳》對此洞察深刻，小說寫流氓無產者阿 Q 本是「真能做」的下
層勞動者，但他在生計無著時就喊著要鬧革命，阿 Q 的願望就是
「我要什麼就是什麼，我喜歡誰就是誰。」對不合意者要實行「嚓
嚓嚓」的砍頭。以往論及阿 Q，多是強調其「精神勝利法」的自欺、
愚昧。殊不知，阿 Q 這種嚓嚓主義才是真正可怕的，是國民劣根
性的突出表現。

　　毫無疑問，民匪暴民這種非人性、非理性的嚓嚓主義是由暴君
貪官的高壓政策激起的，徐珂《清稗類抄·盜賊類》記〈兩粵盜風
之熾〉云：「粵人貧富之不均，甚於他省，富者極富，而貧者極貧。
貧人既無生計，饑寒亦死，為盜為官所捕，等是一死，而饑寒重迫，
必死無疑，為盜雖犯法，然未必為盜者人人盡為官所捕，即捕，亦
不過一死。是不為盜則死在目前，且必無倖免之理，而為盜則非特
目前不死，且可以僥倖不死。既若此，是亦何樂而不為盜也。」（《清
稗類抄》，中華書局，1986.總 5337 頁）秦末陳勝吳廣大澤鄉起義，

就是因服勞役途中，遇雨，失期當斬，陳涉說：「今亡（逃亡）亦死，舉大計亦死，等死，死國可乎？」民眾這種逼上梁山，死裏求生的絕境，是值得同情，可以理解的。在起義中殺戮暴虐的官吏，以洩其長期積壓的怨憤，不能不說有相當的正當性。但凡事超過一定限度，一旦手握屠刀，又不分青紅皂白，亂砍濫殺，殃及無辜，甚至屠戮婦幼，喪心病狂，受虐者便轉化為他的反面，這豈不又成為新的暴虐者了麼？還有什麼正義可言。魯迅對之感歎：「哀其不幸，怒其不爭。」民間有言：「可憐之人，必有可恨之處。」似乎也很有道理的吧。以往人們總是強調不怕窮，「窮則思變，愈窮愈革命，愈敢造反」，這只是事情的一方面。殊不知貧窮更有另一面，所謂「饑寒起盜心」，「人窮志短」，貧窮也會激發人性之惡，危害社會，西人有言「貧困對人的尊嚴和人性的墮落所造成的後果是無法衡量的」（查理斯・威爾伯）。馬克思、恩格斯指出：「流氓無產階級是舊社會最下層消極的腐化的部分，他們有時也被無產階級捲到運動裏來，但是由於他們的整個生活狀況，他們更甘心於被人收買，去幹反動的勾當。」毛澤東則說，「這一批人很能勇敢奮鬥，但有破壞性，如引導得法，可以變成一種革命力量。」還說過：「勇敢分子也要利用一下嘛！我們開始打仗，靠那些流氓分子，他們不怕死。有一個時期軍隊要清洗流氓分子，我就不贊成。」（《中央工作座談會紀要》1964 年 12 月 20 日）然而，歷史事實證明，下層匪類是絕對不能依靠的。孫中山生前鬧革命，組織暴動不下十餘次，其中多次想依靠「青紅幫」、會道門，結果都失敗了。看來，還是馬克思、恩格斯的看法更準確、更深刻。

官匪與民匪的共性

　　中國歷史上的農民起義和農民戰爭次數最多，規模最大，在世界史上是罕見的。每一次起義都沉重地打擊了皇權帝制，打擊了上層匪類的暴政，但同時也製造出一個又一個的新的帝王匪類。這種歷史循環怪圈，不可能真正推動社會的文明進步，所以中國古代社會的進步十分緩慢，有時是停滯的，甚至還有倒退，彷彿形成歷史性輪迴的宿命性現象。毛澤東認為其基本原因只是由「地主階級的殘酷剝削和壓迫造成的」（〈中國革命和中國共產黨〉），只是說明了問題的一個方面。

　　按照這一說法，是不是外國古代的地主階級就比中國的地主階級剝削壓迫要輕一些呢？中外地主階級難道有不同的階級本性麼？恐怕不能這樣說。竊以為中外古代地主階級的剝削壓迫都是一樣的，除了上述這個基本原因，還有一個重要的（也許不是基本的）原因，是人口眾多的下層民眾中有一批匪類，往往借發動造反暴動之機，行謀利肥己之實，無法無天，肆無忌憚地破壞社會文明。這就不能不對中國的民眾做進一步的分析考察。前面從民眾的思想心理方面做了一些精神因素的形上論析，如從眾作惡心理。但更有必要追索一下民眾的素質問題，也就是劣根性從何而來的問題。這也許正是問題的癥結所在。

　　誠然，中國古代民眾大多數是農民。上文已說過中國的農民向來被認為是最好的老百姓。他們吃苦耐勞，誠實本分，最有忍耐力，

最能承受生活的壓力和社會的不公正。這類農民主要是自耕農，是小生產者、也是小私有者。

顯然，農民中還有一批被擠壓而處於絕境中的人，他們在走投無路時往往表現出殘忍暴虐、為非作歹的惡行，是一批民匪，與歷史暴君官匪沒有性質上的不同。

農民與民匪的區別在於，農民是勤苦的勞動者、小生產者、小私有者，而民匪則是墮落的流氓無產者。農民由於長期從事脆弱的小農經濟生產，具有自耕農的自私性狹隘性。他們滿足於男耕女織的個體經營，就像是一個一個分散而獨立的社會細胞，以微薄的個人能力，很難抵禦天災人禍。他們希望安定的環境、有序的生活，這就需要有一個以暴力為後盾的強有力的保護者，需要一個社會行政和公共事務管理的指揮者、協調者，這就為皇權專制提供了社會基礎，因此他們又是天生的皇權主義者。一旦發生社會動亂或嚴重的天災，在專制暴君昏君這些官匪的嚴酷統治下，農民被逼到難以生存的地步，就勢必激發暴動造反。正如民謠所云：「山高皇帝遠，民少相公多，一日三遍打，不反待如何？」（黃溥《閒中古今錄》）這時混跡於下層的民匪也就會乘機作亂，有的勇敢分子就成為造反的發動者、組織者，即頭目人物，而這些頭目就會利用農民的皇權主義情緒，被擁戴為新的專制統治者。這彷彿是歷史的宿命。掌握有權力的民匪頭目的僥倖取勝成了劉邦、朱元璋式的新皇帝，有的則因實力不足，投靠舊政權，即「要做官，殺人放火受招安」。多數則為淵驅魚，為叢驅雀，做了改朝換代的工具，最終成了犧牲品。而這時，廣大農民則仍然抱有那種企求明君清官出現的期望，正如《水滸傳》阮氏三雄所唱的：「酷吏贓官都殺盡，忠心報答趙官家。」趙官家即宋朝趙家皇帝。事實上，造反的民匪頭目一旦得

勢往往又形同新的暴君官匪。總之，民匪官匪都是匪，都是禍國殃民的匪類，是一丘之貉，如元代民謠所唱：「賊作官，官作賊，混愚賢，哀哉可憐！」（陶宗儀《南村輟耕錄》）廣大農民單靠自己的力量企圖求得天下太平的日子，只會永遠失望、絕望。

農民們多數是淳樸善良的，是最馴順的臣民。但民匪中的頭目卻多是野心家、陰謀家，為著享受榮華富貴必然欺騙民眾，玩弄農民於股掌之上，以謀攫取皇權高位，成為官匪。這些民眾中的敗類惡行累累，劣跡斑斑，突出的表現為殘暴、血腥、肆無忌憚，通常都是極端利己主義者。他們沒有任何自我約束，不守社會道德規範，不按規矩出牌，毫無誠信尚義品德，而且色屬內荏，反覆無常，在順境中作威作福，在逆境中則實行機會主義，見風使舵，乃至投靠官匪，謀取一官半職，出賣同夥，甚至不顧血緣親情，毫無人性。如劉邦被項羽打敗而狂逃，立即把親子女推下車去，「如是者三」。當項羽俘獲他的父親劉太公，綁在陣前，逼其降服時。劉邦竟然說：吾與汝約為兄弟，「吾翁即若翁，必欲烹而翁，則幸分我一杯羹。」（《史記‧項羽本紀》）簡直毫無人性！唐末造反的黃巢，在戰爭期間，多次與同夥王仙芝反目，忽分忽合。王仙芝曾八次上書唐廷求降，均未遂，後敗死；黃巢也先後五次向唐廷求官，亦未如願（參史式《太平天國不太平》.重慶出版社，2005.1.58-62 頁）。黃巢、王仙芝均是毫無節操的小人，所謂起義，義在何處？他們與暴君官匪有何兩樣！再參照前引張獻忠、洪秀全之類的罪行，就會知道，這些匪類頭目他們究竟是些什麼東西！如果要區別官匪與民匪的不同，只不過是個掌權與不掌權的分別，在禍國殃民的罪惡上，二者都是一樣的。可以說，民匪簡直就是官匪的歷史報應，二者是孿生兄弟，相伴相生，同歸於惡。這又仿彿是歷史的宿命。

關於儒學的辨析

　　動亂時期，是官匪、民匪共同的罪惡本性充分暴露、橫行無忌的時期。但是，在中國歷史上總還有與戰亂相間的相對長期的和平穩定的時期。那麼，在這樣的時期，中國社會靠什麼來維持社會生活和生產秩序呢？通常的說法是靠儒家政治倫理的規範，即東漢《白虎通》所謂「三綱六紀」即「君權、父權、夫權」，可簡稱「君父」原則及其官僚政治制度，而在背後做支撐的是國家暴力機器。但須知，「三綱」之說實導源於韓非，見《韓非子・忠孝》：「臣事君，子事父，妻事夫。三者順，則天下治。」這些並不是原儒的主張。

　　當然，說單靠儒家學說就能治國，是不合歷史實際的。因為後世儒家始終倡導的仁政禮治理念以及依其構建的社會等級制度，主要訴諸個人的道德倫理自律，這是一種軟約束，有很強的理想主義色彩，不可能真正制約現實中統治者的私利衝動。應當指出，自秦漢以後名義上被稱為社會主導思想的儒學已經不是先秦的原儒思想，而是吸納了法家治民術被曲解了的政治化儒學，或曰奴儒之學。

　　實際的情況是，秦朝尚法制，嚴刑峻法，以吏為師，結果天怒人怨，二世而亡。到漢初主要實行黃老之治，但法治傳統仍然屬行。之後到漢武帝時在董仲舒對策建議下，才有所謂「罷黜百家、獨尊儒術」的政策，但具體的行政中漢武帝也沒有純任儒家，如公孫弘等權要多數成員均並非純儒。漢宣帝斥責主張任用儒生的元帝道：「漢家自有制度，本以霸王道雜之，奈何純用德教、用周政乎？」

（《漢書・元帝紀》）這才是當時的政治本質，也就是儒表法裏，儒法兩手交互為用，如《白虎通》對韓非子的引申（見上）。而這裏講的法，更是有法治而無法制，實質上是人治。兩漢以來，千餘年的中國政治都是這種東西，儘管儒術愈來愈成為士人進升官僚階級的唯一途徑（科舉制度）。但儒術已淪為帝制專政的附庸，從來沒有真正限制住帝王的特權和暴行。一旦帝王們暴虐昏庸日久，就不免又導致新一輪的社會動亂。

　　但是，後世儒學、儒術成為名義上的社會主導思想和政術，也有一定的積極意義。那就是給平民士人躋升社會上層，成為權要打開了通道（如兩漢之察舉制，魏晉的九品中正制，隋唐之後的科舉制）。其中真正信仰儒學王道政治的士人，便力圖在行政事物中貫徹其仁政禮治信條，從而成為史籍上稱讚的清官循吏，他們構成了代表古代士文化的骨幹力量。他們的作為歷來受到社會尊崇，對社會和經濟發展有利，因此是應當受到肯定的，不宜與暴君污吏畫等號。但是如前所述，帝王權貴多數不是善類，而是匪類，他們造成的社會黑暗和嚴重禍害，是不能以清官循吏的善政抵消的。總的看來，在歷史上民眾總是陷於被壓迫的苦難中。

　　順便要說的是傳統士文化中的道家（東漢以後是道教）和釋家，儘管在不同的歷史時期，這兩家均不同程度地受某些帝王的尊崇，甚至廣泛流傳於民間，但其實際影響，終不免成為同奴儒一樣的皇權專制的附庸，基本上不是社會政治的主導力量。

原儒的民主理念

　　這裏主要為先秦的原儒說句公道話。原儒指的是儒學創始人孔子、孟子、子思等人的思想學術，簡稱孔孟之道。孔孟為代表的原儒，其學術宗旨，如《中庸》所言是「祖述堯舜，憲章文武」。堯舜是遠古傳說時期的賢君，文武是周文王、周武王，都是孔孟推崇的聖賢。

　　孔孟宣揚的是以民為本的聖賢精英治國論，其樣板便是堯舜文武，最初還有傳為制禮作樂的周公。唐以前周孔並稱，周公的地位還高於孟子。孔子被後人稱為聖人，孟子是亞聖，周公被孔子尊崇，更是聖中之聖，成為最高樣板。五四以來，批孔成為時代潮流，「打倒孔家店」的口號震人耳目，儘管冷靜的學者如陳獨秀、胡適等人也敬重孔子，承認他是偉大的思想家、教育家，但時代潮流，浩浩蕩蕩，泥沙俱下，魚龍混雜，社會輿論總是不分青紅皂白，要連帶將孔子一概否定，批倒批臭，直到文革批孔以至於今，現有人仍鄙薄孔子是「喪家狗」。

　　孔子最主要的罪狀是，他是沒落奴隸主貴族的思想家（毛澤東語）。

　　這其實是大大的誤解。且不說孔子生活的時代是不是奴隸制時代（對此學界仍在爭論，筆者認為中國只有有奴隸的時代，並沒有奴隸制）。考之史實，孔子並不是什麼沒落的思想家，實是先秦早期偉大的進步的民主主義思想家，根本不應打倒。而相反，其珍貴的文化遺產是歷史上士文化的精華部分，倒是應當認真繼承的。最

主要的是，孔子的民主理念能與現代民主制契合，是一筆可以通過創造性轉化從而發揚光大的精神財富。

以往，學術界探討民主制的源頭，往往追溯到古希臘羅馬的城邦民主制，忽視中國上古的民主傳統。事實上，東西方一樣都有上古實行過民主制的史實。先秦儒家便是上古民主制的繼承者之一（見下節），五四以來許多學者把原儒說成是皇權帝制的維護者，根本上就錯了。

人所共知，孟子早有「民為貴，社稷次之，君為輕」的著名論斷。孟子對上古民主制雖沒有系統論述，但他對暴君的憎恨與輕蔑卻處處表露無疑。他指斥暴君商紂王是「殘賊之人」，說周武王伐紂是「聞誅一夫紂矣，未聞弒君也」，等於說紂是獨夫民賊，該殺。在孟子眼中，視國君蔑如，他說：「說大人，則藐之，勿視其巍巍然。」打心眼裏看不起君王：「在彼者，皆我所不為也；在我者，皆古制也，吾何畏彼哉？」他敢斥梁惠王「望之不似人君」。對殘民以逞的君主應「善戰者服上刑。」在孟子看來，君臣關係是對等的，並無尊卑上下之分：「君之視臣如手足，則臣之視君如腹心；君之視臣如犬馬，則臣之視君如國人；君之視臣如土芥，則臣視君如寇仇。」這裏並沒有臣對君絕對服從的愚忠態度。他主張君臣之交要「去利」、「懷仁義以相接」。倘反是而行，凡事順從君主，便是「以順為正，妾婦之道也」。不是大丈夫的風格。大丈夫要行天下之大道：「得志與民由之，不得志獨行其迫，富貴不能淫，貧賤不能移，威武不能屈：此之謂大丈夫。」這是何等光明磊落、特立獨行的人格。特別是孟子不認為國君有不可移易的政治世襲壟斷權，認為貴戚之卿有責任：「君有大過則諫，反復之而不聽，則去。」這裏的易位之舉，至少是諸卿之議而非一人獨斷。《周官》云：「詢

事之朝，小司寇掌其政，以致萬人而詢焉。一曰詢國危，二曰詢國遷，三曰詢立君，以眾輔志而蔽謀。」這裏，稱「致萬人」，則應必不止詢諸卿，當亦詢及眾多庶人（國人），非民主制而何？總之，這種詢於眾庶集體決議的方式，是上古民主制的遺風，由此可見，孟子的個性何等鮮明，民主意識何等強烈。以往學者說儒家只注重宗族集體，抹煞人的個性，誤矣！

孟子的民主理念從哪裡來的？來自其師孔子之孫子思，新發現的《郭店楚簡・語叢三》云：「友，君臣之道也。」這是子思的見解。君臣既為友，那就可以「合則留，不合則去」（孔子語），其間沒有什麼絕對服從之論。孔子也明言「君使臣以禮，臣事君以忠」。君臣關係類乎朋友：「所謂大臣者，以道事君，不可則止。」為臣盡忠，有忠於道的前提，並不是愚忠於君。子路問事君，孔子說：「勿欺也，而犯之。」就是對君不要欺騙他，卻不妨冒犯之。這裏，犯之與否，也有道的前提。

忠君觀念是後人詬病儒家的重要依據，然而在先秦原儒那裏，忠不只是上對下、君對臣的要求，而是一般人際關係上的對等要求，如孔子言：「孝慈，則忠」，是指對父母要忠；「子以四教：文、行、忠、信」，「子曰：主忠信，從義，崇德也。」這裏是指對弟子的要求；曾子曰：「吾日三省吾身，為人謀，而不忠乎？……」這又是指為人的自我要求。《左傳》稱：「上思利民，忠也。」（《桓公六年》），這更是對君要忠於民的要求。《郭店楚簡》稱：「恒言君之過者，忠臣也。」是說忠臣就應該常常批評君王的過失。正如孔子所言：「忠焉，能勿誨乎？」誨誰呢？就是誨君，要經常教訓他。至於如何誨，正確的態度是「忠告而以善導之，否則，止。無自辱焉。」這就是不合則去，所謂「危邦不入，亂邦不居，天下有道則

見，無道則隱」。所謂「和而不同」，這才是對孔子「君君臣臣」之說的正解，不可看成愚忠於君的奴性。

　　毋庸諱言，先秦之世是一個等級制的宗法社會，人與人社會地位的不平等現象普遍存在，否則也不會有「畏大人」、「愛有等差」的言論。但是，先秦社會畢竟還未形成後世皇權專制下的對君絕對服從的桎梏，如「三綱」之類神聖教條。所以先秦才出現了一批「上不臣天子，下不事諸侯」的志節之士，才有所謂百家爭鳴、處士橫議的生動局面。「三綱」論的正式提出，是儒表而法裏的專制理論，是導源於《韓非子》，在東漢《白虎通》中才確定的。這時的儒家已不是先秦的原儒了。

儒學溯源與以民為天

再往前追溯，孔孟的民主理念是來自周初文王、周公的思想學說。孔子明言：「周監於二代，郁郁乎文哉，吾從周。」並多次提到要尊奉「周公之典」，史稱，周文王以文德服天下，三分天下有其二，服事於殷。是一位親民恤民之君；而周公則是制禮作樂，安定天下，創制中華文明的先驅者。

《史記‧周本紀》載，文王「篤仁，敬老，慈少，禮下賢者，日中不暇食以待士，士以此多歸之。」可見文王的親民與民主作風。

比較起來，有關周公的材料要豐富具體些。孔子稱周公有「才且美」，能做到「博施於民而能濟眾」，所謂「周德其可謂至德矣」，周公是至德之人，也就是「聖人」。周公的至德表現在其有「天下為公」的胸懷和理想。周公繼承文武之功業，在成王年幼時，代為天子，攝政七年，天下大治而後返政成王，正如《荀子‧儒效》云：「因天下之和，遂文武之業……非聖人莫之能為，夫是之謂大儒之效。」

周公的民主理念，首先表現為尊重民意，以民生為要務。《尚書‧多方》載，周公曰：「天惟時求民主。」意思是天意是要以民為主，所以告誡下屬：「皇天無親，惟德是輔。民心無常，為惠之懷。」（《周書‧蔡仲之命》）他曾向武王提出德教、和德、仁德、正德、歸德的五德施政論，強調「振乏救窮，老弱疾病，孤子寡獨，惟政所先」。指出「王若欲求天下民，先設其利而民自至。譬之冬日之陽、夏日之陰，不召而民自來」（《逸周書‧大聚解》）。他的利

民政策是「生民知常利道則國強,序明好醜必固其務。均分以利之則民安,口用以資之則民樂,明德以師之則民讓」(《逸周書‧本典解》),可見處處以民眾利益為著眼點。周公效法文王,尊重民意,還表現在屈己從眾禮賢下士,古稱其「制天下之政,而猶下白屋之士,日見百七十人」(《孔子家語‧賢君》),即後人所謂「周公吐哺,天下歸心」(曹操詩)。為求賢士,如此勤謹,顯系繼承文王「不暇食以待士」的作風。周公的偉大,不是如後世之君王官僚要「為民做主」,而是明言以「父母之禮,以加於民」(《逸周書‧本典解》),即視民如父母。後世小小七品芝麻官恬然以為民「父母官」自居,與周公的境界恰恰相反。先秦周代提倡「敬天保民」,從本質上看,是以民為天。所謂「民之所欲,天必從之」「天視自我民視,天聽自我民聽」(《泰誓》)「民之所欲」之語,兩見於《左傳》(襄公三十一年、昭西元年),一見於《國語‧鄭語》,又有「夫民,神之主也」(《左傳‧僖公十九年》),「國將興,聽於民;國將亡,聽於神。」「天遠道,人道邇,非所及也,何以知之」(《左傳‧昭公十八年》)等反神權的觀點,都來源於周公的古訓。繼之《荀子》提出「君者,舟也;庶人者,水也。水則載舟,水則覆舟。」「天下歸之謂之王,天下去之為之亡」(《荀子‧正論》)也是有鑒於《尚書‧五子之歌》的「民惟邦本,本固邦寧」的政治觀念。直到西漢,仍存在這一思想影響,如酈食其有言:「王者以民為天,民以食為天。」(見《史記》本傳)這個王者就是指周公文王等人。

　　在西漢,最明顯的民主理念,莫過於呂思勉所舉出的漢文帝元年下詔之例,呂先生云:民主的原理,「兩漢之世,此義仍極昌明。」文帝元年,有司請立太子,文帝詔曰:「朕既不德,上帝神明未歆享,天下人民,未有慊志;今縱不能博天下賢聖有德之人而禪天下

焉，而曰豫建太子，是重吾不德也，謂天下何？」(《漢書・文帝紀》)
這是文帝公然表白天下非一人一家所私，有訪求聖賢禪讓帝位的史
例在。後來眭孟上書，請漢帝「循差」(訪求、簡釋) 天下，求賢
禪位而退自封百里。竟然要漢帝下臺，由賢人當皇帝，這在後世簡
直是不可想像的大逆不道。儘管眭孟終被殺，但眭孟出此大言，顯
係其時仍有反對家天下的思潮 (參《漢書・眭孟傳》)。呂先生進而
論及先秦臣與民的不同，認為臣是「受君豢養的人，效忠於其一身，
及其子嗣，盡力保衛其家族、財產，以及榮譽、地位的」，臣來源
於好戰酋長所豢養的武士及寵信的僕役。但其中又有大臣與小臣之
別，大臣即社稷之臣，「雖違反君主一人一家的利益，而亦有所不
能顧」。小臣即私昵嬖幸之徒。然而，「民則絕無效忠於君的義務。
兩者區別，在古代本極明白。」(參呂思勉《中國文化史》43 頁.
九州出版社.2008.7) 這種民不必忠君的觀點，在後世「漸漸湮晦
了」。也就是被專制主義盛行而遮蔽了。

　　但遮蔽還不等於滅絕，後世仍有人不時提出民主之理念。如北
宋王安石盛稱周公、文王：「以德為盛，天自民視聽者也，所謂得
天，得民而已矣。」(《郊宗儀》) 這正是重複西漢酈食其「王者以
民為天」的舊說。就此而言，王安石以得民為重真可謂偉大政治家。
到明清之際，更有黃宗羲之《明夷待訪錄》，其書〈原君〉、〈原臣〉
兩篇，發揮《呂氏春秋》「天下者，天下之天下」之義，「極為深切，
正是晴空一個霹靂。」(呂思勉語)。這些都是明明白白地對西周春
秋之世以民為天，敬天必先敬民思想意識的繼承發揚。可惜後人多
對此不加深察，往往是只記住「民以食為天」而忽略了「以民為天」
這個更重要的政治原則，從而在皇權專制下使先秦的民主傳統被邊
緣化了。

　　先秦民主理念多體現為尊民恤民的政見，而缺乏制度性的具體描述（如所謂先秦的明堂議政制當是此類制度的遺存），但儒家集成的周公文武之道卻是有更古老的淵源的，那就是傳說中堯舜禹三代的上古民主制。這是儒家「祖述堯舜」的基本依據。

　　在《尚書・堯典》中記述堯選用治水的能臣時，他不是獨斷專決，而是徵求四岳的集體意見，四岳是四方諸部的領袖。四岳推舉鯀主治水，堯認為鯀未必能勝任，但四岳稱「異哉，試可乃已」，即通過實踐來考察其才幹。這是合理要求，所以堯決定任用了鯀，最終實踐證明堯的看法是對的，有先見之明：鯀治水「九載，績用弗成」。這明顯是民主決策，是當時部落聯盟會議的民主制體現。

　　堯去世，舜繼位，選鯀之子禹治水，也是先要「咨於四岳」，一仍民主決議的舊貫。

　　再看更緊要的有關帝位繼承人的禪讓制。堯之選舜為接班人，沒有同意大臣放齊推薦自己的兒子朱啟明和歡兜推薦的共工其人。他先是咨於四岳，請四岳出山施政。四岳自認為不敢當：「否德忝帝位。」堯便請大家從民眾中推薦人才：「明明揚側陋。」眾人推薦了舜，四岳亦表認可，接著堯經過了多年對舜的考驗，這才傳位於舜。

　　舜晚年選拔接班人，仍然堅持「稽於眾，捨己從人」，以「不虐無告，不廢困窮」即關心弱勢群體利益的標準確定人選，從而傳位於禹。禹則是先讓舜子商均，但民心向禹，禹乃即位（見《尚書・舜典》、《尚書・大禹謨》、《史記・夏本紀》）。舜對禹的囑託是：「無稽之言勿聽，弗詢之謀勿庸。可愛，非君？可畏，非民？眾非元後，何戴？後非眾，罔與守邦。欽哉？慎乃有位。」可見，舜要求禹必須遵從民主，善體民意的原則。

　　禹之傳位於其子啟，初非其本意。禹先讓位於皋陶。皋陶有強烈的民主意識，曾提出施政重「在知人，在安民」的卓越見解，並有「天聰明，自我民聰明；天昭畏，自我民昭畏」的明言（《尚書‧皋陶謨》），對禹的施政貢獻甚大。不幸，皋陶早卒，禹乃再選益。只是由於民眾擁戴啟超過了益：「朝覲訟獄者不之益而之啟」，「謳歌者不謳歌益而謳歌啟」，「啟賢，能敬承繼禹之道」，故而啟取得繼位的資格（見《孟子‧萬章上》）。這不是非傳子不可的定則，而是選人以德的民主原則使然。在《尚書》中有重大政務，天子應「詢謀僉同」，「謀及卿士，謀及庶人」之舉。春秋時晉作爰田，有「朝國人以君命賞」的記載。在孔子看來，即「唐禪虞，夏後殷周繼，其義一也。」這義便是順應民心，以民為主。孟子則稱，選當權的官員：「左右皆曰賢，未可也；諸大夫皆曰賢，未可也；國人皆曰賢，然後察之。見賢焉，然後用之。」（《孟子‧梁惠王下》）這是明白易見的上古民主制遺風。近代，梁啟超作《古議院考》，引《禮記》「民之所好好之，民之所惡惡之」及上述孟子之語，推斷上古有議院之雛形，並非鑿空之論。（見《梁啟超全集》第一冊，北京出版社，1999）這種民主制在西漢尚有遺制，即朝廷有諫大夫、博士、議郎之官職，參與議決大政事務，但已在皇權掌控之中，沒有完全的獨立性，漢以後的現實政治中此類職官多形同虛設，這完全是後世皇權專制的結果，不能歸咎於先秦的原儒。

　　然而，上古民主制的思想影響是存在的。上述酈食其「以民為天」、王安石「得天，得民而已矣」的觀點，乃至宋元之際鄧牧的《伯牙琴》、明清之際黃宗羲的《明夷待訪錄》等（參李存山《儒家的民主與民本》。見《群書博覽》，2006，第12期）都是西周「敬天保民」思想的明顯繼承和發揚。歷代反暴政的人民起義多打出「替

天行道」旗號，代天興師，討伐民賊，也是民主平等要求的自發表現。所以說平等思想是歷代農民最革命的思想。

中國秦漢以來主要的社會文化思潮有兩種，一種是占統治地位的帝王專制文化，一種是以儒家思想為主的士文化（儒家原本就是儒士）。兩種文化總是在進行著或明或暗的鬥爭。先秦原儒的思想在秦漢以後發生了裂變。由於歷史的局限，原儒雖有明顯的民主理念，但畢竟沒有突破社會等級的樊籬，因此就容易被社會上占統治地位的最大的匪類即帝王權要所利用，將之與法家思想相結合，形成「霸王道雜之」、三綱五紀之類儒表法裏的主導意識形態，為鞏固皇權專制服務。農民中的皇權主義正是在這種皇權專制主義統治思想影響下滋生的，從根本上說是農民小農經濟生產方式的社會要求。而下層匪類則是以這種專制主義來支配其「以暴易暴」的破壞性活動的。

原儒的民主理念主要體現在先秦之後繼承原儒的士文化。無庸置疑，後世的士人中有一小部分上升為皇權專制下任職的官僚，從整體上服務於皇權的鞏固，加入了上層匪類的陣營。但仍有不少人繼承著原儒的精神，懷抱仁政王道的理想，堅持以民為本的士文化，同多數下層民眾奮起抵制上層匪類的皇權暴政。這就是那些名垂青史的一批賢臣、清官、循吏和隱士。他們在力所能及的範圍內體恤民生，愛民如子，視民如傷，抗拒專制暴政，在他們所處的時代維護著社會的安定，維護著促進社會生產力的發展。儘管他們無法超越歷史的局限，但他們畢竟是歷史進程中積極健康的力量，發揮了進步的作用。這是不能同歷代暴君昏君、貪官污吏一例看待的。以往有些史學家認為清官與貪官是一丘之貉，甚至認為清官更壞是不符合史實的。正如不能肯定下層匪類借農民起義

肆行破壞文明的暴行，我們也不應否定歷代名賢的清正廉明與嘉言懿行。

　　歷史證明，先秦儒家（原儒）和歷代正直的精英儒士創造的士文化並不是專制帝王的幫兇和幫閒，而是對抗和制約上層暴君等匪類的進步勢力；早期原儒更不是服務於帝制統治的工具，不是政治化的儒學。當然，儒學儒術在政治舞臺上只能是一種軟約束，只能起一種道德規範作用，是無法從根本上清除專制暴政的。何況儒學維護的是周禮規定的宗法等級制，這就註定了儒學有內在缺陷性。所謂等級制有兩種，一種是在法度之內服務於社會管理的行政等級制，這是現代民主也必須的。另一種是在暴力和金錢支撐下人壓迫人的專制等級制，這是為維護統治者利益制定的，即現代新儒家也反對的政治化儒學。原儒對這兩種等級制沒有區分，這就十分容易被歷代統治者利用，大力強化專制等級制，從而使儒學蒙上陰影，兩千多年來受人詬病，直至五四仍被國人唾棄。但從根本上說，這是小農經濟生產方式造成的歷史局限，我們是不應因此苛求古人的。

士文化

　　宏觀地看，兩千年來中國歷史上那種繼承著先秦原儒民主觀念的士文化，體現為一種為追求仁政德治和王道政治理想，屬於造就社會精英的社會管理學說。在政治開明時期，這種士文化有時會佔據主導意識形態的地位，促進社會的文明進步，但在動亂時期則往往又被邊緣化而隱而不彰。但它始終沒有被消滅，只是被遮蔽起來（如隱士之類）。一旦條件具備，士文化又會頑強地顯示出來，成為社會文明的動力。這種進步的士文化正是中華民族傳統文化的精華部分，理應受到當今人們的珍視和繼承。

　　應當在這裏做些補充說明，就是歷代士文化承擔者的儒學精英在從事具體政務中，並不是純粹按先秦原儒的遺訓行事，他們往往兼采道家、釋家的有益成分，以相互補充、交相為用的方式從政。這種以儒為主、旁採諸家的士文化運作方式，在動亂時期，在收拾殘局，實現太平的政治操作中，也曾大顯成效，如西漢張良、東漢末的諸葛亮、前秦的王猛、東晉的謝安、唐初的魏徵、中唐的李泌、元初的耶律楚材、劉秉忠、明初的劉基、清初的范文程等等，都是身處戰亂而有力挽狂瀾之功。這些人有的兼採黃老，有的為方術士，有的為宗教徒，有的是國家重臣謀士，但骨子裏都一概尊儒。其中有的是帝王師，或被尊為帝王師，這並不能認為他們都是在追求個人的榮名和顯貴。因儒學向來以培育精英為己任，如孔子說：「自天子以至於庶人，一是皆以修身為本。」（《大學》）認為，天子也要注重修身，同庶人一樣。既要修身，就要施行教育。那麼，

誰來教他呢？那就是儒家的責任。這是從周公輔教成王那裏繼承下來的古訓。儒家以修齊治平為要務，達則兼濟天下，當然應當成為帝王師，目的在實現大同社會。只是有絕對權威的帝王是否能情願地受教，那是另一回事。在儒家只是知其不可而為之。這種精神不可謂不偉大，其志向不可謂不高遠，自然往往不免被人們視為迂腐。

　　還要補充說明的是，在民族鬥爭激化的時期，有不少士人為求實現仁政理想，也有從一個民族政權轉而投向另一個民族政權的史例，這同賣國求榮的奴儒本質是不同的。比如元初的耶律楚材、元好問、劉秉忠，清初的范文程及其五代時的馮道。他們與漢奸秦檜、洪承疇、吳三桂之流不是一回事。從這些人一生履歷行事考察，他們的所作所為均是大力宣揚士文化，以止殺息戰，保護無辜民眾，以求和平安定為務，並無禍民的劣跡。這是應當肯定的，舊史家加在他們身上的不實之詞應當推倒。因為，他們維護的不是一家一姓的家天下皇權，而是客觀上維護了中華民族的根本利益。他們的政見或政策措施，有利於生產力的恢復，推進了被戰亂破壞的社會文明，在歷史逆轉中重新起步，是符合歷史潮流的。一代一代的皇權可以垮臺、覆滅，但中華民族是不能滅亡的。今天我們中華民族大家庭之仍然巍然屹立於世界民族之林，他們具有不可磨滅的功勞。這些先賢也許不是效命疆場的勇士英雄，但卻是維護和弘揚中華優秀文化傳統的志士仁人。對之，我們不能不報以崇高的敬意。

　　他們正是中華民族的脊樑。

帝王文化

歷史上帝王思想與士文化的衝突和鬥爭從來沒有停止過。帝王思想，或曰帝王文化就是官匪和民匪的共同信仰。按說匪是沒有什麼文化可言的，是反文化的。但匪們都有一套相同的行為方式，有自身圈子裏的顯規則或潛規則，那就是極端利己主義，是依靠暴力支撐、施行其殘暴與血腥，表現出無信義、反覆無常的機會主義，恣意作惡與無法無天，荒淫無恥和道貌岸然，虛偽狡詐而又愚昧自欺等一切反理性、反人類的惡德，與官匪的區別只在於有權與無權而已。但在唯我獨尊，總想要支配別人、奴役別人的表現上，本質上是完全一致的。如果要稱文化，從方便於表述考量，不妨姑稱之為匪文化。

但士文化則不然，繼承原儒文化精神發展傳佈下來的士文化倡導的是講信義、講規則、崇尚道德和人文主義的。

這兩種文化相碰撞，士文化顯然處於弱勢的不利地位，即便是有的士人通過察舉或科舉途徑成為權要之臣，在他頭上總還有個皇帝。這個皇帝作為帝王文化人格化的最高代表，多數奉行的是匪文化，他或是口含天憲，專制獨裁或是通過其親信爪牙（外戚、宦官、奸臣），作威作福，任情而為。由於這個原因，士文化總是會敗下陣來。即或是碰上幾百年難得一遇的個別明君如唐太宗，也無法抵制匪文化的思想腐蝕，多數權要出於私利私欲的計算，便不時有倒行逆施的衝動和惡行。古人云：「靡不有初，鮮克其終」，就是說的這種現象。

　　明白了這種規律性，就不難理解為什麼歷史上的所謂忠臣、良吏、清官、好人總是鬥不過暴君、昏君、奸臣、貪官、壞人；為什麼總是會出現劣幣驅逐良幣的現象。

　　說來說去，這只不過是一個誰掌權的問題。匪類不講道理，愚而詐，無信義、謀私利，善於巧取豪奪所以總容易篡權、掌權；而士文化的信奉者按規矩行事，講誠信，講人道，所以「老實是無用的別名」，只能是吃虧，受委屈，受排擠，屈居下僚。「直如弦，死道邊；曲如勾，反封侯」（東漢民歌）便成為歷史上規律性的現象。

　　這種不平，反覆為歷代正直文人詠歎。阮籍詩「戰士食糟糠，賢者處蒿萊」（詠懷六十），鮑照云「自古聖賢盡貧賤」（《擬行路難》），李白云「古來聖賢皆寂寞」（《將進酒》），杜甫云「古來才大難為用」（《古柏行》），均是這類無奈的歎息。

　　由此可以推論，為什麼中國帝制社會形同超穩定結構能夠數千年之久漫長而緩慢地延續下去，就是因為士文化長期處在受壓抑的邊緣化狀態，而帝王匪文化總是佔據著社會的統治地位。也正是這種匪文化始終阻礙和破壞著中國社會的文明進步，所以導致了中國古代社會發展的緩慢發展和停滯不前。而這種歷史的局限在時代步入近代以來，使中國在同西方資本主義大工業文明的迅猛發展相比下，更顯得虛弱不堪。

　　這是不是近代中國落後於世界的原因？

皇權專制下的小農經濟基礎

討論中國近代落後的原因，只是停留在文化比較的層面上，還是淺層次的。需要進一步追究一下，為什麼歷史上中國的匪文化能夠長期存在並總是能佔據統治思想的地位？

筆者的看法是，這不能歸因於中國人的智慧不夠和劣根性，或歸因於中國人不重視科技發展。如前所述，中國歷史上始終存在進步的士文化和輝煌的科技發展成就。

根本的原因在於中國古代始終是以農立國，有一個以小生產方式存在的廣泛的農業經濟基礎。這種小農經濟以男耕女織的家庭經濟為單位，用簡陋的農具維持其簡單再生產，有著自給自足的特徵，具有極強的再生性和頑強的生命力，故而有長期的歷史穩定性。但同時由於分散的個體經濟和生產條件的簡陋性，難以抵制嚴重的天災人禍，它又具有很大的脆弱性。

維持小農經濟正常的再生產，需要兩個條件：是自然條件，即老天爺的風調雨順，所以它是靠天吃飯的經濟；一個條件是社會人文環境要安定有序。由於它的分散性，在需要社會互助的前提下，就必然求助於家族、宗族的相互幫扶，而在此基礎上又需要上面有強有力的政權的整合與保護，而這必然會導致壟斷性的皇權統治。所以馬克思說，小農不能形成一個階級，他們需要別的階級來代表自己的利益。史達林說小農是天生的皇權主義者。這種皇權主義的社會要求就給帝王文化、帝王思想及野心家、陰謀家的產生提供了契機，從而製造出一批又一批官匪和民匪，造成社會的禍害。

　　相對而言，民匪的產生主要是由於官匪的強梁，而官匪之禍更
勝於民匪。因為自然條件如水旱風蝗、地震等災害對小農經濟再生
產的破壞，往往不能預測，無法人為控制，具有間歇性，不是長期
持續的。況以中國幅員之大，天災禍被全國情況很少，多是東方不
亮西方亮，黑了南方有北方。受災者可以逃荒，就食之他鄉。遇到
開明的朝廷和清官，也會開倉賑災濟民，或是如梁惠王「河內凶，
則移其民於河東，移其粟於河內。河東凶亦然。」(《孟子梁惠王上》)
這樣就會減輕天災的損害。又況「大災之後，必有豐年」，只要熬
過災年，農民勤苦耕作，就會獲得可期望的農業收成，甚至五穀豐
登，還會為日後防災有所儲備。這說明天災的損害是有限的，是可
以減輕和有所防備的。

　　而官匪即帝王暴政卻是與小農生產方式俱來的，由此導致了社
會制度上的痼疾，是歷史性的人禍。帝王官匪統治民眾時期甚為長
久，他們對民眾橫徵暴斂，巧取豪奪，時常又因為內部的爭權奪利，
發動戰爭，甚至遇到天災也要發國難財，這就使許多民眾無所逃於
天地間。暴政和戰禍下的難民只有到處逃亡，轉死溝壑，難民中那
些無以存身者就被迫造反，鋌而走險，橫暴之徒就轉化為民匪。這
批民匪在一些野心家、陰謀家鼓動和操縱下，或者與官匪對抗，取
官匪而代之，成為新的官匪；或者四處遊走，打家劫舍，為非作歹，
禍害民眾。總的說來，在中國歷史上總是人禍大於天災。這是史學
家都認可的結論。

　　歸結起來，是在小生產的農業經濟基礎上滋生出的帝制暴政造
就了一批官匪，以及帝制暴政或嚴重天災的擠壓下從苦難的下層民
眾中又會游離出一批民匪。信仰皇權主義的官匪與民匪，兩匪交

攻，導致了中國歷史上的黑暗和倒退。這便是中國歷史發展延緩和阻滯的直接原因。

無論是天災肆虐，還是人禍橫行，都反映出小生產農業經濟的脆弱性。但是，只要天災消除，人禍減輕，這種運用簡單勞動工具從事生產的小農經濟社會就會迅速恢復，迅速再生，贏得相對太平的緩慢的發展局面。這又顯示出小農經濟生產方式生命力的頑強性、堅韌性。中國歷史上的治亂循環就是這樣造成的。

在生產力不發達的歷史條件下，不斷頑強再生的小農經濟的存在，決定了中國古代史的長期性和遲滯性，也決定了中國在近代世界資本主義大發展中相對的落後性。只有生產力出現大幅度提高，產生了社會化的大生產，才能從根本上改變這種落後的狀況，也從根本上消除官匪民匪產生的土壤，但這是一個歷史過程，不可能短期內實現。在這個過程中經歷歷史進步的陣痛，是不可避免的。

小農經濟的長期延續性與
中國自然條件的關係

那麼，為什麼西方能相對快速地通過工業革命大大加速生產力的發展，以社會化大生產取代其中世紀的小農經濟生產方式，而中國卻相對落後了呢？

這就不能不從中國特殊的自然條件來考察。因為非人力可以全面改造的固有自然條件從來就能提供最適應於小農經濟的需要的客觀環境。

小農經濟是一種只需要簡單工具加上人的勤勞就能夠自給自足的保守型經濟。小農經濟的這種自給性決定它的保守性。它脆弱卻又頑強，就像白居易的詩所云：「離離原上草，一歲一枯榮。野火燒不盡，春風吹又生。」除非有了促進生產力大發展的前提條件，它的保守性不易打破。

中國小農經濟的起源，肇自上古。傳說中的炎帝神農氏是農業之神，或說起源於山西晉東南和晉南，屬黃土高原地帶。山西晉南（河東）、晉東南以及包括陝、甘、豫、齊魯、冀等黃河中下游一帶是中國古代農業最發達的地區。據 20 世紀後半期考古發現有，遼寧之紅山文化，浙江的河姆渡文化、良渚文化，四川的三星堆文化，證明中華文明是多元化發展的態勢，但這些地區同黃河中下游一樣，無一例外是農業經濟發達的地區。考古發現證明，早在 7000 年前中國北方已種植了粟、黍等作物。據知磁山遺址有 20 多個窖

坑，貯有穀物達 2 米厚；大汶口三里河遺址，儲粟達數千斤。在南方，江西萬縣仙人洞、湖南道縣玉蟾岩、廣西桂林廟岩發現的水稻遺物，已有 12000 年的歷史，河南舞陽賈湖、湖南澧縣彭頭山遺址出土的稻種均在 8000 年以前；河姆渡文化所出土的水稻堆積多層，有的層高一米以上。研究認為，中國除舊石器時代以打獵為生外，進入新石器時代以後一直是以農業為主體的區域，故中國人至今始終以穀物為主食。可以說，小農經濟生產方式是中國從遠古直到近現代始終存在的一以貫之的最基本的生產方式。

　　小農經濟能夠如此漫長地延續至今，說明中國的自然條件是長期適合於它的存在和發展的。呂思勉先生分析西周農業經濟繁榮的原因，指出，西周的根據地較夏代又展向西北：「此事於漢族之發展，關係殊大。蓋東南水利較饒，西北較瘠，人力奮而文明進展矣。（地理氣候較優，無所需人力之地，及地理氣候過劣，盡人力而無所得之地，文化皆不易發展。文化進展最宜者，乃為人力盡而有所獲，生計無乏之地。西北較瘠之區，蓋正合此條件也。）溝洫之制，發達於北方。（《周官》遂人、匠人，言溝洫之制甚祥。）」（《呂思勉文史四講》，118 頁，中華書局，2008）這一分析是十分中肯的。

　　總之，自然條件決定了歷史上中國小農經濟存在的長期性。

　　綜上所述，官匪和民匪這兩大匪類的長期禍害是阻礙中國社會文明進步的直接原因，官匪和民匪又是在長期存在的小農經濟基礎上滋生出來的。這種小農經濟的長期性是由適應其存在的中國的自然條件所決定的。

　　這就是自然條件決定論。

自然條件決定論的限度

　　眾所周知，自然條件決定論曾被一度批判為錯誤的歷史觀。但筆者認為，這種批判過於武斷、籠統。史達林認為：「地理環境不可能成為社會發展的主要的原因，決定的原因，因為在幾百年間幾乎保持不變的現象，絕不能成為幾百年間就發生根本變化的現象發展的主要原因。」（《列寧主義問題》1964 年版，第 644 頁）史達林這裏說的是地理這種自然條件不能決定幾百年間劇烈變化的社會現象。這就近現代而言，是正確的。但人類歷史並不只有幾百年，在幾百年前追溯到人類社會產生以來的六七千年間的情況卻不是這樣。按史達林的說法，歐洲在三千年內已經更換過三種不同的社會制度：原始公社制度、奴隸佔有制度、封建制度。但這一時期地理條件變化極小，似乎地理條件對社會制度的三大變更就沒有什麼影響。但要知道，所謂三千年內三種依次變更的社會制度卻都是以自然經濟對人的支配為前提的。只有近代幾百年資本主義大生產出現後，人類社會才產生了極劇烈的變化。因為「資本主義生產方式以人對自然的支配為前提」（馬克思《資本論》第一卷）。這意味著，前資本主義時期人類社會制度和生產方式是以人受自然的支配為前提的。

　　馬克思《政治經濟學批判（1857-1858 年草稿）》中將人類社會的演進歷程，劃為三大社會經濟形態，而非五大社會經濟形態。

　　「人的依賴關係（起初完全是自然發生的），是最初的社會形態，在這種形態下，人的生產能力只是在狹窄的範圍內和孤立的地

點上發展著。以物的依賴性為基礎的人的獨立性,是第二大形態,在這種形態下,才形成普遍的社會物質變換,全面的關係,多方面的需求以及全面的能力的體系。建立在個人全面發展和他們共同的社會生產能力成為他們的社會財富這一基礎上的自由個性,是第三個階段。第二個階段為第三個階段創造條件。因此,家長制的、古代的(以及封建的)狀態隨著商業、奢侈、貨幣、交換價值的發展而沒落下去,現代社會則隨著這些東西一道發展起來。」

概括地說,這三個歷史階段依次是:

一、依賴人的社會形態;

二、依賴物的社會形態;

三、自由個性的社會形態。

近代中國之前幾千年的小農經濟社會就屬於依賴人的社會形態,小農經濟只是在狹窄範圍內各自孤立地發展著。而這種對人的依賴性則是以自然對人的支配為前提的,所以說小農經濟是靠天吃飯的脆弱經濟,在中國又是一種宗法制度(依賴於人)基礎上的經濟。中國古代民眾信仰天,孔子曰「畏天命」,「死生有命,富貴在天」,西周以「敬天保民」為政治原則,古代思想家講「天人合一」,而並不崇拜超自然的上帝和鬼神,進步思想家同時進一步倡言「以民為天」,「得民即得天」,注重民情民意,提倡注重民事民生的民本主義,都是在這個前提下發生的。因為只有企求老天爺的風調雨順,民眾才能從農業經濟中獲得基本的衣食來源,又只有民眾的辛勤勞作才能彌補不可控制的老天爺帶來的天災損失,維持起碼的生活需求。

中國的自然條件相對適應於小農經濟發展。中國處於地球北緯40°至 55°,東經 73°至 135°之間的大陸,南北相距 5500 公里,東

西相距 5000 公里，在太平洋西岸，背陸面海，有 960 萬平方公里的面積，占亞洲陸地面積的 1/4。在這樣廣大的幅員中，小農經濟最發達的地區是黃河、長江流域，這裏正是北溫帶地區，有著分明的四季氣候特徵。地形則是西高東低，西部有高山大漠圍繞，東臨大海，是一個封閉圈。山地、高原、丘陵占總面積的 66%，平原占 34%。縱觀全局，中部腹地與東南部宜農，西北部、西部宜牧。但總體上是以中部腹地與東南部的農業經濟為主體，而以牧業、漁業為輔。所以向來中國以農為本，以農立國。特別是黃河、長江兩大母親河流域是最適宜於小農經濟存在與發展的天然區域，而這裏是多元一體的中華文明的發祥地。

　　只要沒有天災人禍，這裏就是小農經濟的樂園。因為小農經濟是在漁獵經濟揚棄的基礎上產生的，是一種人類定居生活方式下的經濟形態。在四季分明的氣候條件下，在正常年景，便可通過辛勤勞動獲得維持溫飽的足夠收成，使人安居樂業。這種田園詩式的生活，便成為古代人們嚮往的天地，孟子這樣描述其王道政治的理想：

　　　　……不違農時，穀不可勝食也；數罟不入洿池，魚鱉不可勝
　　　　食也；斧斤以時入山林，林木不可勝用也。穀與魚鱉不可勝
　　　　食，林木不可勝用，是使民養生無憾也。養生喪死無憾，王
　　　　道之始也。五畝之宅，樹之以桑，五十者可以衣帛矣；雞豚
　　　　狗彘之畜無失其時，七十者可以食肉矣；百畝之田勿奪其
　　　　時，數口之家可以無饑矣；謹庠序之教，申之以孝悌之義，
　　　　頒白者不負戴於道路矣。七十者衣帛食肉，黎民不饑不寒，
　　　　然而不王者未之有也。（《孟子‧梁惠王上》）

　　在孟子看來，實現這樣的農家樂並不需要更多的外部條件。有一定數量的土的（五畝之宅，百畝之田）和山林（這在古代人口不多的黃河、長江流域是不難的得到的），男耕女織，辛勤勞作，就足以維持生計，使老百姓過上好日子，實現王道仁政。這種理想性的農村生活，在中國農村至今仍然持續存在，比如山西晉南、陝西關中等廣大區域就有典型形式。在這裏的農村，幾十戶、上千戶人家聚居的村鎮裏，到處可見男耕女織的景象，依靠簡單的生產工具，人們辛勤勞作，種地收莊稼，苗圃植林木，池塘養魚蝦蓮藕，種棉花可織布，種油料可榨食油，種蔬菜可供調劑飲食，有豆腐坊、磨房、油坊、粉坊，還有手工編織業，有鐵匠、木匠、泥瓦匠等手藝人，以農業為主輔以養殖畜牧業和各種手工業，就足以解決農民的生活所需。只要沒有天災人禍人們就能含哺而熙，鼓腹而遊，過上優哉游哉的田園生活，「日出而作，日入而息。鑿井而飲，耕田而食。帝力於我何有哉」的〈擊壤歌〉一直唱了幾千年。難怪古代老年官員都願意致仕後回歸田園，也難怪陶淵明這樣失意的士人時時不忘賦〈歸去來〉，因為他們確實嚐到了小農經濟自足性的甜頭。

　　唯一能夠威脅和摧毀這種小農樂天生活的力量就是天災人禍，尤其是上層帝王匪類製造的暴政與戰亂。上層帝王貪婪的階級本性，總是要無限制地吮吸民眾的血汗，農民在完糧納稅後，還要承受無償的繁重的勞役負擔。唐人杜荀鶴的〈山中寡婦〉詩寫道：「夫因兵死守蓬茅，麻紵衣衫鬢髮焦。桑柘廢來猶納稅，田園荒後尚征苗。時挑野菜和根煮，旋斫生柴帶葉燒。任是深山更深處，也應無計避徵徭。」在這種統治者高壓盤剝的苛政下，只有少數人在清貧中潔身自好地苟活，如《孟子》所言「無恆產而有恒心者，惟士為能。若民，則無恆產因無恒心。苟無恒心，放辟邪侈，無不為

己。」(《梁惠王下》) 多數下層民眾只能逃亡,成為難以維生的遊民,許多人不得不奮起造反,其中「放辟邪侈」的墮落者便成為既反貪官,又擾害百姓的民匪。孟子所倡言的看似簡單易行的王道政治,在專制暴政下總是化為泡影,而且被貪婪的君主如梁惠王之流譏為「迂遠而闊於事情」。

小農經濟的自足性

　　所謂小農經濟在正常年景和太平歲月中顯示的自足性，導致了農民的保守性。這種保守性表現為一種生產力發展上的惰性，即但求樂天知命，安貧樂道，不求進取，也無須進取。因為生產工具的製造和使用是比較簡單的手工勞動就能完成的，無須高科技投入。運用簡單的工具就能獲得必要的生活資料，滿足自身的生活需求，那又何必勞神焦思去更多地從事生產工具的改進和創新呢？所以，古代一般人不過多注重自然科學研究，不注重對生產力的深度開發。一句話，因為不需要。

　　對小農經濟的這種自足性，馬克思有過正確的論證。他認為，中國農民是「性情柔弱的中國人」、「和平怕事」、「勤勞而節儉」。這令人聯想到古人對「儒者，柔也」的定義和儒學和為貴、勤勉、儉以養德的道德論。馬克思〈對華貿易〉一文中引用米契爾和額爾金的描述：「中國農民一般說來是過著豐衣足食和心滿意足的生活的……他們大部分擁有極有限的從皇帝那裏得來的完全私有的土地，每年須繳納一定的不算過高的稅金；這些有利的情況，再加上他們特別刻苦耐勞，就能充分供應他們衣食方面的簡單需要。」中國農民是「莊稼漢又兼手工業者」，在農作之余生產一些有用的東西，如紡紗織布，等等。「這個國家 9/10 的人都穿這種手織的衣料，其質地各不相同，從最粗的粗棉布到最細的本色布都有，全部是農家生產出來的。」「每一個富裕的家庭都有織布機，世界各國也許只有中國有這個特點。」「一個靠勞動為生的中國人，一件新衣至

少要穿上三年」,「中國人的習慣是這樣節儉,這樣因循守舊,甚至他們穿的衣服都完全是以前他們祖先所穿過的。這就是說,他們除了必不可少的東西外,不論賣給他們的東西多麼便宜,他們一概不需要。」(見張允熠、張娟〈馬克思眼中的中國人〉,載《江淮論壇》2005,第 5 期)沒有到過中國的馬克思對中國小農經濟下農民自足的生活描述得何其準確形象。馬克思認為,正是這種小農業與家庭手工業相結合的像馬鈴薯一樣分散的、互相獨立的農村村社,靠閉關自守的、一家一戶的和自給自足的生活,構成了中國專制制度賴以存在的「始終不變的」經濟基礎,它「始終是東方專制制度的牢固基礎」,從而使得中國社會長期停滯落後,縱然出現政權更迭,這個經濟基礎依然不會有更大改變(參《馬克思恩格斯選集》第 1 卷。人民出版社,1995,765 頁)。近代清廷的統治者就曾傲慢地對英國人宣稱:「鐘錶、大呢之物,並非天朝必需,而茶葉、生絲,則你國不可沒有。既知天朝垂惠於遠人,安可欲心無足?」(嘉慶二十一年七月乙卯〈賜英吉利國王敕諭〉,見引於麥天樞、王光明《昨天——中英鴉片戰爭紀實》,人民文學 1992)。殊不知貪婪的英國資本主義並不領受天朝的恩惠,其欲心無足出自本性。於是,鴉片戰爭是非爆發不可的。

　　但是小農經濟條件下農民的自足性、保守性又不等同於絕對封閉性。人的欲望,總是要追求更多更好的生活資料,希望過上更有質量的生活,這是人的本性使然。所以農民雖然自足、保守,但求守住舊攤攤,但並不拒絕外部輸入對他們更有益的東西。所以小農經濟是保守而不封閉的,它也有一定程度的開放性,即在兩害相權下取其輕,兩利相權下取其重,它有足夠的包容性來消化友好交往中外部輸入的好東西。這是一種內斂式、吸納式的開放性。它是不

憚輸出，卻又不拒輸入的巨大容器，前提是在它看來需要或不需要。由此，才能理解為什麼歷史上的中華民族從來不會發動侵略別國的戰爭，從來只是「兄弟鬩於牆，外禦其侮」，對外來暴力只是採取防禦，採取守勢。而且也很少派人向外征伐以尋求財富，卻總是在貢聘外交活動中大度地對周邊國家饋贈豐厚的禮品，從而顯示出中華民族愛好和平的天性特徵。

正是由於這種小農經濟的吸納性開放，所以中國也得益外部世界對中國有益事物的相繼輸入，只要這種輸入不是暴力強加的，中國人總是以友善而樂於接受（處於上層帝王統治者的封閉、排外那是另一問題，其中主要原因是取決於政權的壟斷利益）。比如今天中國人必須的生活資料，就有歷史上大量的輸入品，如農產品中的胡芹、番茄、胡蘿蔔、圓白菜、胡麻、馬鈴薯、棉花、西瓜、甜瓜、玉米、辣椒、煙草等等，現代更有大量的洋貨，高科技產品和技術等等輸入，簡直多到數不勝數。中國人封閉嗎？非也。

小農經濟的自足性特徵，使人們不必遠行就能夠在本鄉本土解決大部分生活需要，往往通過簡單的商品交換，甚至物物交換即可維持正常生活。所以古代中國從來不重視發展商業，以致長期實行重農抑商，重本抑末的政策，人們鄙視商業，認為無商不奸，這就難以造成資本主義的大市場，資本主義不易發展。但同時，小農經濟也創造了豐富的農業文明的精神財富。由於小農經濟是以宗法制下的家庭為單位的，人際血緣親情關係十分緊密；加之小農經濟的脆弱性，人們在天災人禍發生時，非常需要患難相扶，所以產生了特別注重調節人際關係的社會管理學說，這就是以仁政、禮治、王道為宗旨，又十分強調培養精英的教育事業的原儒學說，這就是士文化的核心。而釋道兩家的學說能在中國紮根，也與儒家大同理想

的傳播和小農經濟的樂天自足意識關係密切，故亦可納入士文化，成為其有機組成部分。

士文化強調尊崇「天、地、君、親、師」。天，是指不由人意志控制的自然條件。自然的旱澇風蝗雹災害，直接影響小農經濟的收成，影響民眾的生存，不能對之不抱敬畏之情。故孔子曰：畏天命。《老子》言道法自然。人的生命有限度，抗不過自然規律，故孔子曰死生有命，孔子罕言命，主張安常處順，以死為歸，視死如歸。

地，指土地、大地。土地，厚德載物，為小農經濟之基礎，故古人敬畏尊重土地，歷來祭拜感恩於後土神，曰社。在正常氣候條件下，風調雨順，只要勤勞耕作於畎畝，大地即有收成，回報於人類。土地的收成是盡人力可以獲得的，是衣食之來源，土地是財富之母，而勞動是財富之父，故不必仰賴於上帝鬼神。原儒沒有玄虛的彼岸世界之嚮往，「敬鬼神而遠之」。孔子曰：「未能事人，焉能事鬼？」「祭神，如神在。」或問孔子：人死有知無知，子曰：爾死自知之。《老子》尊自然天道，是尊自然之天，而非上帝人格化之神。又，佛家講六道輪回；儒家講天道輪迴，盛衰興亡循環，天下合久必分，分久必合；道家講盛極必衰；古人相信五行相生相剋，均源於農業生產的四季往復規律，是樸素的經驗性認識。小農的生產勞動依靠簡單的生產工具即可進行，故儒家不重「奇技淫巧」，《老子》提倡「虛其心，實其腹」，甚至愚民，塗民之耳目，反對奢侈享受，滿足於簡樸的生活，清心寡慾。這種小農經濟自足性，導致了中國古代技術相對發達而科學不發達，因為技術有現實功利性，亦刺激人創造發明的主體創新能力，因而有中國的四大發明及其必要的應用，科學原理少創新。

　　土地作為基本生產條件的重要性無須論證，人所共知。所以，孟子倡「井田制」，要求明君「制民之產」，使民眾能擁有「五畝之宅，樹之以桑……」「必使仰足以事父母，俯足以蓄妻子，樂歲終身飽，凶年免於死亡。」孔子亦言求治必先「正經界」。這在土地尚不匱乏的古代是能夠做到的。也正是有這樣的小土地私人佔有，使歷代士人能保有一定的獨立人格（典型代表是東晉的陶淵明），從而保障著士人干預政治、批評當道的話語權，以求達則兼濟天下，窮則獨善其身。由此，孔子有資本對國君「合則留，不合則去」，「危邦不入，亂邦不居。」「邦有道，穀；邦無道，穀，恥也。」可以自豪地說：「三軍可奪帥也，匹夫不可奪志也。」也由此孟子有大丈夫精神，藐視權要，倡言「誅一夫紂矣，未聞弒君也。」主張貴戚之卿有權使暴君「易位」。

　　古人早已意識到土地資源的不可再生性，故而在農業生產中重視生態保護，孔孟都主張「節用而愛人，使民以時」，對山林沼澤開發適度，反對竭澤而漁，所謂「不違農時，穀不可勝食也；數罟不入污池，魚鱉不可勝食也；斧斤以時入山林，材木不可勝用也。」《荀子》也有類似論列，見《荀子‧王制》。或以荀子有「制天命而用之」之言，以其為「人定勝天」之首倡者，然查《荀子》並無此言，倒是相反，荀子頗有環保之論。

　　勞動力是農業生產最重要的因素，所以原儒最重人命，堅決反對戰爭濫殺。孔孟繼承了遠古民主制的遺風與西周「敬天保民」、「以民為天」、「以民為本」的進步理念，特別尊崇周公與文王，並歌頌堯舜禹造福於民的公天下傳統。孔子曰：「《韶》，盡美矣，未盡善也。」謂《武》未盡善，因武王是以暴力滅紂，而非禪讓的和平渡讓政權，使用暴力最終是驅民於死亡，不可取。故司馬遷《史記》

七十列傳之首《伯夷列傳》借伯夷之口譴責武王「以暴易暴，不知其可」，亦是孔孟的主張。孟子更明言「殺一不辜而取天下，不為之」。而文王則是「三分天下有其二，服事於殷」。文王不發動戰爭，施仁政，所以是至德之君。可悲的是歷來帝王官匪統統與此背道而馳。至於道家，《老子》稱：「我有三寶，持而保之：一曰慈，二曰儉，三曰不敢為天下先。」也是反對戰爭虐殺百姓的倡導者。

　　士文化重視民生，反暴止殺的觀點是最光輝的思想。那麼，怎麼施政治國呢？那就是仁政禮治，以刑法為輔，刑法非不得已而用之。最好不用，使「無訟」。這就是王道政治。孔子對季康子曰：「子為政，焉用殺？子欲善，而民善矣。」就是讓統治者以身作則，以道德為先，即所謂：「導之以禮，齊之以刑，民免而無恥。導之以德，齊之以禮，有恥且格。」「修己以安百姓，」「修文法以來之。」《老子》更明以道、德名其篇，雖則與原儒所倡理解不同。中國之為禮儀之邦，由來遠矣。不言而喻，僅以道德治國施之當代，難以臻功，但先賢的嘉言仍具永恆價值，構建和諧社會豈能不以民生民命為先乎？

　　君，是指古代賢王統治者。尊君，首先要分辨忠什麼樣的君。維持社會正常秩序，必有管理者與被管理者的階層劃分，這對古代分散的小農經濟社會當然是必要的。古人認為「國之大事，在戎與祀」。此類有關國計民生、民眾整體利益的大事，沒有集權管理者是不行的（現代民主制亦然）。由於集權者很容易越軌橫行，以權謀私。故原儒主張實行宗法制傳承下來的禮治，以周禮規範社會人的言行。在當時的歷史條件，最高管理者只能是國君，由於國君之集權意味著社會秩序，這有利於小農經濟的再生產，其集權有歷史的合理性。是故孔子稱「畏大人，畏聖人之言」，以禮為國之大經，

要求克己復禮。禮有人自我約束的內容，也有外在表現的等級儀式。對此，原儒重視內在修養，提倡內省功夫，「吾日三省吾身」。孔子云：「禮云禮云，玉帛云乎哉？樂云樂云，鐘鼓云乎哉？」舉喪禮要「寧戚勿奢」，但不同意子貢去告朔之餼羊。對於國君，孔子要求「事君盡禮」，「君命召，不俟駕而行」。但君也是人，也會犯錯，故孔孟均以友道視之，反對盲從，君有過必加勸諫，這裏並沒有提倡愚忠。對帝王官匪一類暴君，孟子甚至提倡廢除之，見前文所論。這才是孔孟主張「君君臣臣」的本意。後之奴儒以君為絕對權威，非原儒之過也。《老子》則明確主張「聖人無常心，以百姓心為心」。臣下應「以道佐人主者，不以兵強天下」。警告統治者：「民不畏死，奈何以死懼之？」國君之類治人者要以身作則，不貪圖享受，「是以聖人被褐懷玉」，「欲不欲，不貴難得之貨」。士文化從來主張忠君（「君使臣以禮，臣事君以忠」），是忠賢明之君、愛民之君，而不是忠於殘民禍國之君，具有鮮明的民主理念。但在等級制度上，沒有區分社會管理所需之等級與君主專制下的等級制，這就給後人詬病留下把柄，以為士文化也是帝王文化的附庸。這是誤解。

　　親，首先是指具有血緣關係的親人：父子夫妻等親屬。在宗法制下，血親關係是先天的，其親愛關係優先於社會關係，所以原儒強調尊尊的同時，也強調親親，構建了一套以個人自身為出發點，推之於親、推之於人乃至社會的「正心，誠意，修身，齊家，治國，平天下」的人生倫理道德修養用施政的程式，這就是仁政的綱領。親者，愛也，是故孔子曰：「仁者愛人。」「己所不欲，勿施於人。」「己欲立而立人，己欲達而達人。」所謂「愛有差等」，本是自然形成的，並不是講階級關係，故孔子有「泛愛眾而親仁」之論，有

「四海之內皆兄弟」之說。後世固然有先人後己、大公無私的道德家，但難以普施之於大眾，這是易於理解的。

在長幼關係上，原儒強調「孝」，有《孝經》，孔子視「孝悌乃為人之本」，要求「君子篤於親」，沒有過多講長對幼的「慈」。這是因為，一是慈作為長對幼的親情多數是先天血緣所致，不教而行，世上惡父惡母很少，而幼對長的孝道，則是需要後天教育培養的。是故，「孝」有必要特別強調之。而道家《老子》則有「慈」為三寶之一，於儒家可互補。士文化強調父慈子孝兄友弟恭，顯然是對家庭倫理的全面要求，理應倡導。但講孝也不是講「愚孝」，因為《孝經》明以家有「爭子」之稱，只不過要求爭子規勸長輩要入情入理，委婉和順而已。二是孝有敬老之意，敬老是由於老者富有閱歷和人生經驗，對後輩有崇德釋惑之責，撫育教養之功。這對於小農經濟下從事生產勞動意義極大。從事這種勞動主要靠長者經驗技能的傳授，長輩是人生的第一老師，因此後輩必須孝順、孝養老人。原儒重喪禮：以「慎終追遠，民德歸厚」，也有同樣的意義。而所有以孝道為先構築的家庭和人倫關係，均有利於小農經濟的有序持續發展。人生在世，孝道豈可忽乎哉！

在所有的人際關係方面，原儒提倡和：「禮之用，和為貴，先王之道斯為美。」但又堅持「和而不同」。士文化講「和氣生財」，「家和萬事興」，因為和意味著社會安寧，秩序井然。「和而不同」則意味著寬容大度，相互尊重。所謂中庸之道，即是中和、中正，執兩用中，是和的必由之路。而中庸並非相對主義，而是要恰如其分，擇善而從，擇優而用，不走極端。是故孔孟都反對鄉愿者即滑頭的和事佬，斥之「鄉愿，德之賊也」。和的意思，還有樂於助人，相互體恤的內涵，最高境界是「博施於民而能濟眾」，特別是在天

災人禍時要仁義為心，扶危濟困。這一點在脆弱的小農經濟遭遇不測之禍時尤為重要。在經濟生活困難時，鄰里守望相扶，互幫互助，對渡過難關、恢復生產是有力的支持，可以說，民眾生計，和之為用大矣哉。

最後是師。士文化尊師重教，這是其教育思想的根本原則。士文化，以師為傳道授業解惑者，不能不重師道。孔子就是偉大的教育家，後人稱「萬世師表」，孟子、子思、荀子同樣尊師。原儒的一整套教育理論和方法，至今為教育界寶貴遺產，學者多有論述，不贅。值得特別指出的是，原儒把天子、國君均納入教育的對象，孔子曰：「忠焉，能勿誨乎？」「自天子以至於庶人壹是皆以修身為本。」教導學生要為「君子儒」，二不重傳授具體的勞動技能。但孔子自認在勞動技能方面他不如老農、老圃，他傳授的六藝，不涉及農業生產。這並不等於說孔子鄙視農夫，否則他不會抗議「苛政猛於虎」，為民吶喊。孔子要造就的是社會管理的精英，是治國之才。故而勸弟子積極用世，自己亦為表率，周遊列國，以求大用。孟子所謂「勞心者治人，勞力者治於人」，無非是區分了社會進步所必要的分工職能之不同。治者，管理也，非壓迫也。孔子倡導有教無類，自行束修以上者，未嘗無誨，也是從民間下層選拔可造之材，使之有門路上升到管理精英之列。以此指責孔子只為統治者效力，也是對原儒精神的誤讀。為了培養精英，自然要對之提出很高的道德要求。為此，原儒還提出了一系列便於操作的道德細目，諸如孝悌忠信、禮義廉恥、恭寬信敏惠、溫良恭儉讓，先難後獲、慎言敏行等等。顯然，要全面做到這些，那是很難的。不過，既是造就精英，就不能不高標準、嚴要求，但對達到這樣的境界，一般民眾未必不嚮往、不認同，故而成為普世性原則。原儒構建如此系統

的道德標準，還設計了便於踐行的「推己及人」、「反求諸己」的修養途徑，提出「我欲仁，斯仁至矣」「人皆可以為堯舜」的勸勉之論，鼓勵人們「從我做起，從今天做起」，真可謂用心良苦而周到。然而，從實質上講，這些道德理念，都植根於小農經濟實體基礎上自耕農人格的相對平等，是側重於個人修養，以自尊尊人、利己利人的普遍要求。

剔除了受法家毒素污染的奴儒之論，傳統的士文化的進步內涵都可以從古代小農經濟基礎上求得合理的解釋。士文化中立足於小農經濟和諧發展，有利於社會安定和文明進步的「天地君親師」崇拜，充分體現了士文化傳統的優秀內涵。這在幾千年來，對塑造中華民族的民族性格起到了至關重要的作用，也大大加強了中華民族的凝聚力和向心力，而且，至今尤有可貴的價值。問題在於，士文化側重於從倫理道德規範社會成員的個體行為，而對帝王官匪的君權專制獨裁沒有剛性約束，所以無法從根本上消除歷史上不斷出現的暴力和血腥黑暗政治。這是它的歷史局限性。

中國的士文化傳承幾千年，其中有豐富的精彩的內容，是傳統文化的精華部分。但在已經發生翻天覆地變化的當今，這種士文化顯然不能原封不動地套用。食古不化、固步自封的態度和做法，顯然是不正確的。但是士文化是中華民族的根，是我們的優秀傳統所在，也是當今最重要的國情。實踐科學發展觀，指導今天的現代化建設，不能斬斷歷史文化，必須從傳統中汲取精華，根據時代精神和經濟社會發展的需要，中西結合，擇善而從，綜合創新，這就是中華民族偉大復興的根本所在。

中國傳統文化的積累式創新

　　維持小農經濟的再生產，無需求助於複雜的科技，而是依靠世代相傳的經驗，即民諺所謂「莊稼地裏不用問，人家幹甚你幹甚」。許多流傳下來的有關生產生活格言、諺語中，保留了前人豐富的智慧，足為後人採用，如關於勤奮：「人勤地不懶，地是刮金板。」「人誤地一時，地誤人一年。」關於施肥：「莊稼一枝花，全靠糞當家。」「種地不上糞，等於瞎胡混。」這類諺語幾乎在農村人盡皆知。這就導致中國人辦事講求實效的經驗主義，在傳承傳統文化中不注重否定性創新，而注重積累型創新。否定性創新崇尚超越前人，追求時尚，提倡全新的原創；而積累型創新則是注重繼承，要求綜合前人的成果有所創造。中國雖有「苟日新，又日新，日日新」的古訓，但這新必出自日日積累，而不是與傳統決裂，單純唯新是尚。所以孔子自承是「述而不作」。幾千年來，中國創造了極其博大精深、著述如林的經學，有關十三經的注疏和研究汗牛充棟。在歷史學方面，中國歷代傳承著異代修史的傳統，擁有舉世皆無、唯我獨有的世代相繼的史籍如二十四史、二十五史、二十六史，歷數千年不斷線，私家修史、野史筆記尤其更仆難數。關於文獻整理，大抵每經一段時間，歷代就要進行一輪規模浩大的文獻集成工程。佛藏道藏就不必說了，僅以總結性的百科全書式的類書為例，既有官方的彙編，又有民間私家的集撰。這類工程在先秦有匯總諸子百家的《呂氏春秋》，在西漢有《淮南子》。之後，從魏文帝時期劉邵等奉敕撰《皇覽》以下，林林總總，歷朝皆夥，舉其要者，如北齊

有《修文殿御覽》,唐有《藝文類聚》、《群書治要》、《三教珠英》、《初學記》、《白氏六帖》,宋有《太平御覽》、《冊府元龜》、《錦繡萬花谷》、《事文類聚》、《玉海》、《事林廣記》、《山堂考索》、《全芳備祖》,金有《群書會要》,元有《韻府群玉》,明有《補注北堂書抄》、《山堂肆考》、《永樂大典》,清有《淵覽類函》、《駢字類編》、《子史精華》、《佩文韻府》、《古今圖書集成》等等(參張滌華《類書流別》,商務印書館,1958),簡直數不勝數,更不必說清人整理《四庫全書》的皇皇業績(至於清初借此「寓禁於徵」,焚毀古書之罪行,則係官匪摧毀文化之舉,另作別論)。總之,對古代文獻的綜合性彙集,代代相沿,中國可謂世界之最。中國人注重傳統的文明積累,唯求從積累中創新的文化精神,是一以貫之的。今人又有從事《儒藏》彙編者,正是這一傳統的發揚光大,我輩當然樂見其成,豈有他哉!

　　中國人偉大的農業文明成果(士文化),反映出中華民族歷史文化精神的歷久彌新和不竭創造力,這都是在小農經濟基礎上產生、發展而來的。中國歷史文化的這一特徵,是世界其他國家沒有的。

自然條件與前資本主義時代

　　如呂思勉先生所言，中國的燦爛文化產生於東亞大陸這塊「人盡力而有所獲，生計無乏之地」，這裏的地理氣候最宜於農業文明發展。與世界上其他地方如地理氣候較優越或較劣之地相比，中國自有其產生古代文明的優勢。

　　比如非洲的情況，便與中國大不相同。非洲人聚居之地地理氣候條件較優，儘管至今仍以農業經濟為主，但文明進化過程仍然緩慢。考察過非洲的學者解釋，為什麼非洲的社會比較落後呢？

　　「原因大概並不複雜。我們從非洲東部的埃塞俄比亞、坦桑尼亞，路經布隆迪，又在赤道兩側的薩伊、剛果、喀麥隆逗留了兩個多月，最後到達西亞的塞內加爾和幾內亞，發現到處都有四季常青的植物，除個別地區之外，氣溫很少降到 20℃以下，而芒果、香蕉、柑橘、木瓜、椰子、棕櫚樹等到處都是。直到今天，非洲不少地區的村、鎮一年有半年靠吃熱帶水果充饑。因此，絕大部分非洲地區，沒有『饑寒交迫』的問題。上帝賜給非洲人一個良好的自然環境，使那裏的人不經過艱苦的勞動也能生存下去。」只是在現代「結果好事變成了壞事」，非洲由於自身的局限和發達國家的盤剝，成了世界上饑民最多的落後地區。（參楊榮甲《非洲社會漫讀》，《編譯參考》，1983.6 期）

　　上文中提出的看法，人們並不陌生。在馬克思的《資本論》第1 卷中早有深刻論述：

　　「撇開社會生產的不同發展程度不說，勞動生產率是同自然條件相聯繫的。這些自然條件都可以歸結為人本身的自然（如人種等等）和人的周圍的自然。外界自然條件在經濟上可以分為兩大類：生活資料的自然富源，例如土壤的肥力，魚產豐富的水等等；勞動資料的自然富源，如奔騰的瀑布，可以航行的河流、森林、金屬、煤炭等等。在文化初期，第一類自然富源具有決定性的意義；在較高的發展階段，第二類自然富源具有決定性的意義。例如，可以用英國同印度比較，或者在古代，用雅典、柯林斯同黑海沿岸的地方比較。」

　　顯然，馬克思認為，在前資本主義時代，自然條件對社會的文明進步具有決定性意義。

　　在上述文字一段後，馬克思引用迪奧多洛斯《史學叢書》第1卷第80頁談到埃及人的一段話來證明：

　　「他們撫養子女所花的力氣和費用少得簡直令人難以相信。他們給孩子隨便煮一點最簡單的食物；甚至紙草的下端，只要能用火烤一烤，也拿來給孩子們吃。此外也給孩子們吃沼澤植物的根和莖，有的生吃，有的煮一煮或燒一燒再吃。因為氣候非常溫暖，大多數孩子不穿鞋和衣服。因此父母養大一個子女的費用總共不超過二十德拉馬。埃及有那麼多的人口並有可能興建那麼多宏偉的建築，主要可由此得到說明。」

　　內容類似的材料，在這段文字的附注中馬克思還列舉了一些，此不贅引，讀者可參考。

　　馬克思的結論是：過於富饒的自然「使人離不開自然的手，就像小孩子離不開引帶一樣」。它不能使人自身的發展成為一種自然必然性。這說明呂思勉先生所言「地理氣候較優，無所需人力之

地……文化皆不易發展」是正確的。至於呂先生還提到「地理氣候過劣，盡人力而無所得之地」，文化不易發展，如北極、南極、俄國西伯利亞和美國的阿拉斯加都是這樣的環境，其文化之不發達，是人所共知，不必再論的。

改變東西方及全球南北發展差距的力量，是近現代無孔不入、無遠弗屆的資本主義生產方式，資本主義開拓了世界市場，使一切國家的生產和消費都成為世界性的，因為資本主義社會化的大生產創造了比歷史上世代積累的生產力總和還要大得多的生產力，使得歷史轉變為世界歷史。只有資本主義現代大生產方式才提供了人對自然支配的前提。因此，只有在資本主義產生後才能說自然條件決定論是錯誤的。

西歐資本主義率先產生的原因

從人類歷史進程來看，為什麼資本主義能夠率先在西歐產生並在近代迅速發展，從而把東方中國、亞洲、非洲等民族和國家甩到後面去呢？

馬克思指出，不能說最肥沃的土壤最適於資本主義生產方式的生產。「資本的祖國不是草木繁茂的熱帶，而是溫帶。不是土壤的絕對肥力，而是它的差異性和它的自然產品的多樣性，形成社會分工的自然基礎；並且通過人所處的自然環境的變化，促使他們自己的需要、能力、勞動資料和勞動方式趨於多樣化。社會地控制自然力以便經濟地加以利用，用人力興建大規模的工程以便佔有或馴服自然力——這種必要性在產業史上起著最有決定性的作用。」（《資本論》第 1 卷）。

這裏，馬克思講的資本主義產生在溫帶，不是指亞洲的中國，而主要指歐洲，東方的中國在古代是以小農經濟為基礎的大一統的內陸國家。歐洲也是溫帶，卻是三面環海，多國林立的海洋性地區（尤其是資本主義興起的地區是這樣）。歐洲大陸海岸線長 37900 萬千米，是世界上海岸線最曲折的一個洲，因而出入海的海港最多。歐洲南部彙集著高山峻嶺，約占全歐面積的 40%，但平均海拔 300 米，在全世界海拔最低，因此交通的險阻並不多。這都為商品交換帶來較大的便利。

歐洲大部分地區氣候溫和濕潤，北部屬寒帶，而南部卻屬亞熱帶，隔地中海與非洲熱帶地區相望。歐洲還有大片的森林和草原。

　　整個歐洲由於各地氣候條件、自然資源、地質地貌具有多樣性，決定了古代歐洲人生產方式和產品的多樣性。而各地人們出於對多樣性產品在生活中互補互利的需要，就加速了各地產品（後來是商品）的交換和商貿的頻繁與規模不斷擴大。馬克思說：「這種自然的差別，在公社互相接觸時引起了產品的互相交換，從而使這些產品逐漸變成了商品。」（《資本論》第 1 卷）

　　在歐洲的中世紀（從西元 476 年西羅馬帝國滅亡算起），封建生產方式興起。最初一般時期，歐洲多實行封建主的采邑制（伴隨有農奴制），即貴族以替王朝國王封建主服兵役來取得分封的土地，是為采邑。這種采邑不世襲領地，如受封者不履行其義務，封建主可隨時收回。8 世紀時法蘭克宮相查理‧馬特實行了旨在加強王權的著名的采邑改革，但隨著土地私有化導致土地不斷集中，便形成大地產及其組織形態即莊園，采邑遂轉化為封臣們的世襲領地。另一方面，日爾曼族不斷侵入羅馬並最終滅掉這個帝國，日爾曼原先公社土地所有制也在羅馬私有化的影響下逐漸解體，土地的分化與集中日益加劇，這導致其原來基於血緣和效忠觀念就形成的軍事親兵制（這很像中國商周的宗法制形式），也逐漸被新的「投獻」和「委身」形式取代，使這一具有封建色彩的人身依附關係在日爾曼社會關係中成為主要形式。以上大地產與人身依附關係兩種因素相融合，在查理曼帝國時期導致土地的封建等級所有制確立，取代采邑製成為歐洲中世紀的經濟基礎，這就產生了封建主義的典型形態即日爾曼形態。

　　在土地等級所有制基礎上，一個一個的封建莊園建立起來，成為中世紀封建社會的基層組織，封建領主把分封到的土地分為領主直領地和農奴份地。直領地由農奴耕種，產品歸領主所有，份地則

由農奴在剩餘時間經營。值得注意的是，這種封建莊園還是一個政權實體，莊園主有一定的行政司法權，擁有軍隊，還有各自的工商業、稅收、司法、宗教、教育、醫療等（參考《文史哲》2008.4.榮劍〈論中國封建主義問題〉；《書屋》2008.7.陳樂民〈此封建非彼封建〉）。可以說，這種大地產的莊園幾乎形成一個個國中之國，有很強的政治經濟獨立性。如上所述，各個獨立的封建莊園在其經濟多樣性的發展中，出於彼此商品交換的需要，也出於莊園主個人利欲的膨脹，並不甘心固守既得的利益，因此發生了長期的相互爭奪和吞併，這就造成了戰亂的長期存在，這就是史家所謂的漫長的黑暗的中世紀，很像是中國「禮樂征伐自諸侯出」的春秋戰國時期。

　　但是在中世紀作為社會基層的封建莊園，由於其政治經濟上的獨立性，其內部便孕育在著它的否定性因素，比如上層封主與其下的封臣之間定有契約，形成權利與義務對等關係，封主通過強權對土地強行分配後，契約關係便對政治權力發生制約作用，由此而萌生出權力制衡關係，使封主不能隨心所欲。這其中便導出了後來的市民社會的人權獨立和私有財產神聖不可侵犯的理念，新興的商人資本家借此而崛起。資本家提出經商自由，反對貴族世襲權利的個人自由、個性解放等政治要求，並不斷為之抗爭，最終的結局，即是經過英國工業革命、法國大革命和文藝復興運動，資產階級上升為統治階級，從而使歐洲進入自由資本主義時代。

中西歷史文化發展的差異

　　與歐洲的歷史進程不同，中國西周至先秦實行的宗法制為核心的封建制，也經歷著諸侯爭霸、戰亂不休的過程。但是秦帝國崛起後，通過商鞅變法，秦國聚集了強大的經濟軍事實力，一舉消滅六國，統一了中國，建立起以皇權帝制為特徵的大一統集權制國家。這個專制集權國家除了靠暴力統治天下，改封建制為郡縣制，從根本上來說適應著中國單一農業經濟下小農渴求「天下定於一」的安定要求。只是由於秦始皇暴虐過甚，民不聊生，人民做奴隸而不得，才引發農民大起義，最終由西漢劉邦的皇權專制政權所取代，進入人民做穩了奴隸的時代。此後中國也產生了莊園經濟，明顯地興盛於東漢和魏晉時期，由代表莊園主利益的世家大族佔據統治地位。但由於單一小農經濟可以自給自足，始終排斥商品交換的商貿經濟，從隋唐以後，小土地私有製成為相對牢固的經濟基礎，小地主、自耕農中的士人隨著隋代科舉制的機制取得了上升為統治階級的機會，從而形成了中國特有的士文化的社會思潮，進而影響社會政治經濟的傳統。當然，士階層不是從隋唐才出現的，它的起源可以追溯到先秦諸子時期。據呂思勉先生研究，先秦諸侯國也是一方政治實體。從周天子到諸侯以下，也實行土地逐級分封制及其分配關係，如「公食貢，大夫食邑，士食田，庶人食力。」（《國語・晉語四》）隨著土地逐級分封制也形成土地佔有者的等級依附：「王臣公，公臣大夫，大夫臣士。」（《左傳・昭七年》）由此而決定社會的等級秩序（參《中國文化史》・九州出版社・2008）。士處於社會

下層，屬於居於城中（國中）的國人，原屬統治民族，城外則是被征服的野人即農奴。士雖屬下層，卻有文化或專長（這是孔子使官學下移民間的功勞），有參加政權、須服兵役，多半是有獨立性的自耕農。這部分人在以後的帝制社會裏一直是社會的基礎性存在，是維繫社會安定的中堅。

綜上所述，西歐中世紀大大小小的莊園經濟取決於西歐獨特而多樣的自然條件（不同的自然資源、氣候條件和地形地貌），莊園經濟內部的否定性因素發展壯大，最終以資本主義取代了封建制度。

中國的單一小農經濟取決於中國的自然條件，小農經濟自給自足的特徵排斥商品經濟，使中國長期被大一統皇權專制主義所統治。

當然，自然條件的決定性作用並不排斥社會上層建築、思想意識對經濟發展的反作用。這一點，也要明確。

自然條件決定著古代中國和歐洲各自歷史發展的特徵。還可以找到一個旁證，那就是中西方在食物品種的獲得上表現出很大的差異。民國時期學者吳憲著有《營養概論》一書，指出：

1. 中國人食物以穀類為主，熱量十分之八源於穀類，而西方人熱量僅十分之三四源於穀類；中國人的蛋白質幾乎都來自於植物性食物，而西方人植物性動物性各一半……中國人所吸收的蛋白質和熱量遜於西方人。

2. 西方人膳食中的油脂以奶油為主，奶油最富有維生素，而國人以豬油、豆油和菜油為主，這些油類僅含有少量維生素，因此，國人身體所吸收的維生素遜於西方人……

3. 在微量元素方面，牛奶是鈣質的最優來源，四方人每天都喝牛奶而國人基本不喝，所以國人所得的鈣質比西方人少。

　　由此得出結論，中國人的體質也理所當然不如西方人。書中還列舉非洲條件不同的部落因食物不同影響各自健康的例子，說明食用牛奶、肉類為主的部落要比食用穀類、水果為主的部落在高度、體重和膂力上佔有優勢。（參《文史知識》2007.12 期，蘇生文〈近代國人對西方飲食文化的認識〉）由於有這樣的差距，故不少學者認為要強國必須改變中國人的食物結構，非此不能強種進而強國。這當然有一定道理。但僅靠改善食物一端，不考慮整個社會生產方式與社會制度的改革，強種亦未必能強國，這道理是顯而易見的。否則，歷史上中國有以肉奶為食物的多數邊族何以終被中原以農為本的漢族同化了呢？不過，上述有關食物的幾種類的辨析，至少說明中西在食物來源上有偏重農業與農牧兼顧的生產方式的歷史性不同。

　　正是歐洲古代商品交換的多樣性和商業的繁榮為資產階級從封建社會內部崛起，進而通過革命手段為資本主義率先產生創造了條件。多樣性的生活需要促進了歐洲不同地域的人們依據佔有的不同自然資源向生產的廣度和深度不斷開發，從而大大推進了分門別類的各門自然科學技術的發展，而當發明了蒸汽機之後便導致了歐洲工業革命的興起，使生產力歷史性地極大提高，這又刺激了資本原始積累的瘋狂衝動，發生了血腥的對工人剩餘價值的掠奪和海外殖民擴張。當然，相應地文化方面的文藝復興和資本主義民主政治的產生，也對資本主義經濟的發展發生了極大作用。而在這個時期，東方中國還在沉睡中，因為中國由於小農經濟的自足性根本還沒有產生向外擴展的利益需求。在西方挾持堅船利炮之勢洶洶而來的資本主義列強面前，中國的天朝只能處於被動挨打的守勢，無法招架。對此，清廷政要李鴻章不禁驚呼：中國遭遇了兩千年來未有之大變局。

　　現代大生產方式能夠改變中國傳統的小農經濟。隨著經濟基礎的改變，傳統的皇權專制制度也會或快或慢地改變，甚至消失，代之以立憲民主政治制度或民權民主政治制度。但是仍不能徹底剷除官匪和民匪產生的土壤。因為資本主義畢竟也是以生產資料私有制為基礎的，仍然實行著由少數人統治多數人的政治制度。資本主義創造的極大的生產力和社會財富，由少數資本家控制和佔有（物的依賴性）。唯利是圖的資本家以貪婪的胃口吞噬勞動者創造的剩餘價值，而且由他們的政治代表掌握政權，以政權力量維護資本家的權利，這就造成了一批新的匪類。在被剝奪的下層民眾中由於貧困也會產生流氓無產者，其中有不少人會墮落為新的民匪。至今，世界上的官匪和民匪並沒有消除，仍然破壞著人類的文明與進步。

　　但同時，資本主義的禍害也激起勞動民眾的強烈反對，導致了20 世紀聲勢浩大的社會主義革命潮流，即通常所說的國際共產主義運動。國際共運以消滅私有制為旗幟，得到了世界各國勞動民眾的熱烈擁護。

　　在中國，爆發了 1911 年的辛亥革命，推翻了幾千年的舊帝制。接著，又在中國共產黨領導下推翻了以蔣介石為代表的專制統治，奪取政權，建立了人民共和國。不久，又經過三大改造，使中國進入社會主義初級階段。從理論上講，消滅了剝削階級，人民當家作主，理應消滅社會上的官匪和民匪。但實際上並沒有消除這些禍害。因為初級階段的社會主義，按鄧小平的說法是「不夠格的社會主義」。因為社會主義不夠格，因此在極左路線支配下發生了十年文革浩劫的匪禍，這是人所共知、記憶猶新的慘痛教訓。

　　要徹底消除中國的匪禍，使社會主義由不夠格轉化為夠格，為此，又必須不斷地實行改革開放。從 1979 年以來，中國的改革開放持續推進，成果累累，中國進入社會主義轉型期。

中國的改革開放與消除匪禍

　　轉型期的中國要進行經濟體制、政治體制、文化體制的全方位改革。

　　經濟體制改革的目的是加快生產力的發展，達到共同富裕。鄧小平總結歷史經驗，提出「以經濟建設為中心」的建設中國特色社會主義的基本路線，明確認定「社會主義的本質是解放生產力，發展生產力，消滅剝削，消除兩極分化，最終達到共同富裕」。為此，要改革不適應生產力發展的生產關係，改革不適應經濟基礎的上層建築。這些觀點都是通過實事求是、解放思想，回到了馬克思主義基本原則軌道上來。

　　事實上，在《共產黨宣言》中馬克思、恩格斯早已明確指出無產階級的革命任務：

> 工人革命的第一步就是使無產階級上升為統治階級，爭得民主。
>
> 無產階級將利用自己的政治經驗，一步一步地奪取資產階級的全部資本，把一切生產工具集中在國家即組織成為統治階級的無產階級手裏，並且盡可能地增加生產力的總量。

　　這裏講的，一個是民主，一個是加快發展生產力，都極其緊要，一個都不能少。

　　遺憾的是，這兩項任務，半個世紀以來在中國完成得都不盡如人意，而且出現過不少失誤。這些問題，在 1981 年中共十一屆六

中全會做出的關於建國後若干歷史問題的決議中都有理論上的概括說明。

　　現在最嚴重的問題是在改革過程中明顯增加的兩大匪禍，一是政府官員的貪腐，二是社會上的經濟犯罪和刑事犯罪，典型表現是坑蒙拐騙偷等，前者屬官匪性質，後者屬官商勾結和民匪性質居多。這是阻礙和破壞中國社會現代文明進步的兩大禍害。

　　要消除這兩大禍害，必須深化改革，兩手抓。一手是加快生產力發展，一手是完善和擴大民主。很明顯，還是要繼續完成《共產黨宣言》提出的任務，於此配套的措施是法治建設、大力發展科技事業和思想文化道德諸方面的建設。

　　加快生產力的發展，從執政者角度看並不是直接去干預生產力的操作過程，而主要是調整生產關係和構建適應經濟基礎的上層建築，即實行經濟民主、政治民主和各方面的民主，完成社會主義現代化。

　　調整生產關係，實行經濟民主，即鞏固和加強生產資料公有制，並逐步改造私有制，也就是要全面改造至今尚存的小農經濟和發展並規範私營經濟。為生產力的大發展打開順利、健康、文明發展的通道。

　　以往的計劃經濟體制在實踐中證明有很大弊病，如今要轉化為規範的市場經濟，這是適應生產力發展要求的體制性變革，無疑是正確的。但經濟市場化不等於社會市場化。經濟市場化通行的是商品等價交換原則，追求利潤最大化，而社會主義社會的目標是通過發展生產力，實現人的全面自由發展，即實現人的「自由個性」。倘若社會生活市場化，就會導致一切向錢看，唯利是圖，造成兩極分化。當前官員的貪腐和日益滋生的經濟犯罪、刑事犯罪這兩大匪禍，主要是由社會市場化誘發的惡果。

要杜絕這些惡果，最有效的途徑便是民主。人們說社會主義市場經濟是法治經濟，這肯定是對的。但是法治經濟實質上就是經濟民主的內在要求，這並不矛盾。

關於重建個人所有制

回過頭來看，在計劃經濟框架內我們構建的生產資料公有制，按說這是最進步的經濟體制。但是，這種公有制和科學社會主義主張的公有制並不相吻合。

馬克思對社會主義公有制在《資本論》第 1 卷第二十四章中有過精確的論述，馬克思認為資本主義私有制是對歷史上「個人的、以自己勞動為基礎的私有制的第一個否定。但資本主義生產由於自然過程的必然性，造成了對自身的否定，這是否定的否定。這種否定不是重新建立私有制，而是在資本主義時代的成就的基礎上，也就是說，在協作和對土地及靠勞動本身生產的生產資料的共同佔有的基礎上，重新建立個人所有制」。簡言之，不僅是耕者有其田，而且是勞者有其產。

請讀者注意，馬克思明言要建立生產資料共同佔有制，即公有制。但僅有這個公有制還不夠，而是要在這個基礎上，「重新建立個人所有制」。如果只有生產資料公有制就萬事大吉，馬克思又何必多此一筆，特別明示要「重新建立個人所有制」呢？很顯然，這個重建的個人所有制才是人類擺脫「人的依賴性」和「物的依賴性」向「自由個性」的社會形態過度的最基本、最重要的條件。

恩格斯對馬克思的論述曾做過進一步的說明。恩格斯在《反對杜林》中把生產資料公有制表述為社會所有制，並指出社會所有制涉及土地和其他生產資料，個人所有制涉及產品即消費品。針對有人誤解個人所有制僅僅是指生產資料所有制，而主張私有化的觀

點，有學者進行了嚴正的糾誤（見奚兆永〈評馬克思重建個人所有制理論與中國改革問題上的錯誤觀點〉，《馬克思主義研究》，2007年第四期）。這是必要的，因為這關係到所有制改革與社會主義的本質規定問題。

這裏，所謂生活資料即消費品個人所有制是以生產資料公有制為前提的。就以生產資料公有制而言，馬克思強調它是公共佔有、社會所有或共同佔有，而排斥私人佔有。而這，無非是要徹底消除歷史上私人憑藉佔有生產資料剝削他人勞動成果的可能。何況，在社會化生產的條件下，生產資料的生產，本來就是社會勞動而不是單憑個人勞動就能實現的。由此，可以邏輯地推斷，生產資料是不能由勞動者個人分割佔有處置其實物的，但在法權上卻應保障勞動者個人應有份額的所有權。因此在處置公有的生產資料時，每個勞動者都是有話語權的，也就是有監督權的。如果連這一點權利都喪失了，所謂公有制就是一句空話。

生產資料公有制是在生產社會化基礎上，重新確立生產資料的勞動者共同佔有制，勞動者是生產資料的主人（參〈按勞分配與按要素分配——從馬克思的邏輯來看〉，周為民、陸寧《中國社會科學》2002.4 期）。只是由於這種佔有不可能由勞動者人人都去實施其具體佔有的權利，所以必須由勞動者推舉其代表即人民代表大會授權通過國家政府來代理實施這種權利，這就出現了現今通常稱之為國有企業，是為國有制。可見，國有制不過是現實的公有制的具體化而已。但這並不是說勞動者群體喪失了其所有權，而只是意味著勞動者向國家政府讓渡了代理權、經營管理權，國家和政府必須通過實施這種代理權、經營管理權來確保共有生產資料國有資源的保值或增值，並為社會創造公共的財富。如若國家、政府不能盡責

於這一職能，則勞動者群體有權收回它讓渡出去的代理權、管理經營權。這在本質上就是勞動者群體這個唯一主人不可剝奪的經濟民主權利。

但是，由於個人謀求私利的經濟本性，不能避免個人對國有資源的覬覦和侵奪，而國家、政府對國有資源的代理和經營管理又只能是通過委派官員、企業負責者（廠長、經理、董事長等）來實施其增值國有資產的職責的，那就會為這些受委派的個人巧取豪奪國有資源提供便利，以名義上的公有化為官有制。這就需要嚴格的由法律強制性保護的監督制度。如果這種監督制度一旦不完善或者缺位元，那就必然發生國有資產流失從而使公有制化為官有制的弊端。

那麼，這個監督制度所規定的監督權屬誰呢？顯然應屬於作為主人的勞動者群體，而且最終是屬於每個勞動者個人。也就是說，任何一個勞動者個人都有權監督國有資產的運作狀況。因為勞動者群體不是抽象的集合體，它是由千千萬萬的勞動者獨立的個體組成的。沒有個體，也就沒有群體。勞動者群體固然可以通過其代表大會派員實施監督權，那麼與國有資源利益攸關的勞動者個體也必然擁有這種監督權。因為勞動者群體（代表大會）派出的從事監督的人員，也必須受每個勞動者的監督。只有這樣，才能保證受任監督者的監督真正到位。

不幸的是，現實的情況並非如此。正是由於勞動者監督的疏失、缺位，監督制的不完善，使國有資產不得主名，由勞動者所有變成了不知誰人所有。所以在當今的經濟改革中導致了許多國有企業破產、國有資產流失和「窮廟富方丈」等可悲的現象，最終只是少數暴富，而受損害的是大多數勞動者。

　　生產資料公有制（現在體現為國有制）就是社會主義經濟民主制的根本體現。在分配制度上，就是在公有制基礎上重建個人所有制，那就是實行按勞分配，這正是現階段的經濟民主制的必然要求。自從 20 世紀科技革命、資訊革命與知識經濟的興起以來，這個按勞分配的「勞」，突出地表現為智力勞動（腦力勞動）在社會勞動中比例的增加、地位的重要。因為智力勞動的價值往往大大超過體力勞動的價值，所以在計算勞動量付出與相應的報酬方面，就必然要求向智力勞動傾斜（所以有勞動者白領與藍領之區分）。這就需要一個衡量計算的尺度。這個尺度在西方發達國家是完全由市場供求和有關經濟法決定的，在中國卻是模糊不清的。這就給一些壟斷性企業的高管憑藉權力佔有極大份額的薪酬提供了機會。據說深圳某保險業的高管有年薪六千萬人民幣之多，比底層員工的薪酬高出了巨大的差額，這無異於是人為製造兩極分化。這種現象在壟斷性企業所在多有，這種分配方式完全違背了馬克思在總結巴黎公社經驗教訓中提出的工薪分配原則（即公務員只能拿工人中等的工資）。即便依某些學者反對馬克思的勞動價值論主張的按生產要素分配論，這些壟斷者的薪金也是過分高了。對此，政府決策部門是否亟需按公平原則來加以調節，這是人們拭目以待的。自改革開放以來，在階段性步驟上，實行過包乾制、權力下放、分權讓利、政企分開、股份制、宏觀調控等等政策，都直接關係到收入分配問題，這些政策實施的初衷是為了加快經濟發展，有利於在一定程度上抑制兩極分化的趨勢。但從結果來看，成效甚微。因為其中有關分配問題上的調節，往往是重在中央和地方政府及企業高層之間的利益（包括薪酬）再分配，而一般員工、廣大工人階級受惠甚少。故而人們嘖有煩言，指責國民經濟 GTP 連年以兩位數增長，但普通員

工的工資卻未相應增長。政府和國有企業積累了大量財富，為什麼不能合理地分惠於民？這實在是一個不能不面對的重大問題。而這，從根本上說，也是一個涉及勞動者的經濟民主權利的問題，或曰改革成果由勞動者共用的問題。

綜上，所謂生產資料公有制及重建個人所有制問題，本質上是勞動者的經濟民主制問題，是一個生產資料和生活資料的支配權是歸少數人所有還是歸勞動者所有的原則問題，即由誰當家作主的問題。這關係到是否堅持社會主義道路的大問題。對此是不能回避的。

關於無產階級專政

　　另一個重大的理論問題是關於如何評價無產階級專政（人民民主專政）的問題。這本來不是問題。因為所謂無產階級專政也罷，人民民主專政也罷，在專政一詞前面都分明有「階級」、「人民」限定詞，都是指一個階級，也就是說政治活動要由人民操控，政權由人民執掌，即政治民主，而不是指少數人、特權者或黨魁來專政。自中國 1949 年政權易手，歸於人民，確定了人民當家作主的原則以來，實際上是勞動人民委託黨和國家來代理政務的。但黨和國家也是由人組成、由人操控的，而人都是會犯錯誤的，黨也是會犯錯誤的。人所共知，專政是由暴力支撐的，古人云：「乃知兵者是兇器，聖人不得已而用之。」目的是以暴止暴，而不是以暴易暴。黨和政府在專政暴力上運用不當，就會造成難以估量的慘局，自貽伊戚，搬起石頭砸自己的腳。這關係到人民群眾的人身保障和身家性命，遺憾的是 1949 年以來一次接一次的政治運動不斷，以至文革中，濫用專政（有所謂群眾專政之說）造成了大量的人間悲劇，教訓不可謂不慘重。

　　其原因，蓋在專政與民主相分離。專政暴力由少數人支配。按說無產階級專政，明白地是指階級專政。馬克思講無產階級專政，是在歐洲現代兩大階級對立現實背景下，或是由資產階級專政（其禍害人所共知），或是由無產階級推翻資產階級，實行本階級的政治統治即專政，二者必居其一。沒有無產階級專政，無產階級的政權就會垮臺，消滅剝削，消滅私有制，實現共產主義就沒有堅強的

保證，這是由巴黎公社失敗的教訓中總結出來的寶貴經驗，這並沒有錯。況無產階級專政即無產階級大多數人掌權做主人，這個專政就是民主的專政，本質上是民主制，馬克思說巴黎公社的秘密，就在於它是「工人政府」，領導人均出自民眾普選，實行專政就是民眾的專政，這是再明白不過的道理。葉劍英元帥一針見血地指出：「無產階級專政就是無產階級民主，就是人類歷史上最廣泛最實在的民主」（見引自 2008.10.2.《南方週末》：〈胡德平：重溫葉劍英30 年前講話〉一文）。馬克思講無產階級國家或曰專政，正是大多數人掌權，在當時的歐洲大多數人只能是指無產階級，豈有他哉。專政不過是民主制下的政治統治形式，再沒有其他形式了。有必要指出，馬克思著作中從來沒有「民主集中制」一詞，民主集中制是列寧提出來的。民主就是人民做主，這內在地包含有集中之意，既已民主，由人民做主，也就已經有人民少數服從多數同時保護少數的意義，也就是集中了人民的意見。在民主之下，再加一個「集中」，民主集中就是同義反覆，甚至演變為「你們民主，由我集中」的特權政治。列寧強調民主集中制，尚有一個可以理解的原因，就是形勢所迫。早期黨處於秘密活動時期，需要嚴格紀律、聽從命令；掌權後許多帝國主義國家聯合起來圍剿蘇維埃政權，當時蘇聯正處在保衛蘇維埃政權的軍事鬥爭非常時期，沒有集中指揮和領導，戰爭就無法進行，蘇聯就會垮臺。所以，在非常時期列寧強調民主集中制是必須的，合理的。但這不等於說任何時期或正常和平時期也必須強調集中的民主制。中國共產黨取得政權，稱人民民主專政，既曰民主，又曰專政，也是同義反覆，實質上本是人民的專政、階級的專政。專政一旦離開民主政體，勢必導致獨裁，成為「朕即國家」對這一點，早在中共成立初期陳獨秀就有明斷。他認為就民主而

言，無產階級民主與資產階級民主是一樣的，「無產政黨若因反對資產階級及資本主義，遂並民主主義而亦反對之，即令各國所謂『無產階級革命』出現了，而沒有民主制做官僚制之消毒素，也只是世界上出現了一些史達林式的官僚政權，殘暴、貪污、虛偽、欺騙、腐化、墮落，絕不能創造什麼社會主義。所謂『無產階級獨裁』，根本沒有這樣的東西，即黨的獨裁，結果也只能是領袖的獨裁。任何獨裁都和殘暴、蒙蔽、欺騙、貪污、腐化的官僚政治是不能分離的。」（參袁鷹〈遺言太沉痛〉一文，見《隨筆》，2008.4 期）陳獨秀是看到史達林個人專斷的禍害，針對性地向共產黨人提出忠告，事實上在俄國十月革命勝利後，列寧強調民主集中制時就出現過濫殺的問題，到史達林時期濫用專政搞「大清洗」，已變本加厲，造成了大量冤案。中國的歷次政治運動和文革也出現了同樣的問題。陳獨秀不幸而言中，這個教訓太深刻了！這種反民主的濫用專政完全背離了馬克思的原意，變成吞噬人民的洪水猛獸，當然地遭到人民的反感和厭棄而聲名狼藉。

因此，無產階級專政必須與民主統一起來，二者只能統一在民主的基礎上。只有使專政成為民主的專政，成為民主制的有機部分和保障，專政才不會蛻變為鎮壓人民的兇器，才能有效防止任何陰謀家、野心家將國家暴力機器化為私權，任意橫行，從而真正保護勞動人民的一切權益。

關於小農經濟改造

　　脆弱的小農經濟既是歷史上產生官匪和民匪的土壤，那麼改造小農經濟就是杜絕中國匪禍的唯一選擇。

　　改造小農經濟的途徑就是實現現代化的農業規模化大生產，使農業工業化，不再是「靠天吃飯」的農業，使個體小農轉化為農業工人。中共奪取政權後認識到這種改造的歷史要求，在建國後的20世紀50年代實施農業的集體化方針，即從土地改革後逐步組織農民成立生產互助社、合作社，繼之為高級農業合作社，直至1958年全面實施人民公社，這被稱為「金光大道」，所謂「共產主義是天堂，人民公社是橋樑」。但在極左路線下，這個公社化過程演化為「刮共產風」、「窮過渡」。由於未能真正貫徹按勞分配政策，按平均主義分配，過度剝奪勤勞的農民，損害農民利益，挫傷了農民的生產積極性，農業經濟並未見有什麼起色，反而導致了1960-1962年三年饑荒中餓死數千萬人的慘劇。

　　應當說，在落後的中國實現現代化，實現民富國強的目標，必須首先發展工業。在建國初中共也提出了優先發展重工業的經濟方針，但是國家底子薄，十分短缺資金，那就要從農業積累中籌集辦工業的資金，何況當時以美國為首的列強對中國實行「禁運」和封鎖，除了蘇聯外，難以得到國際支援。在這樣的內外環境中，工業建設的資金只能更多地依靠從農村籌集，這就不免要農民付出過多的代價，損害農民和農村的利益。於是，這就引起有識之士梁漱溟為農民的呼籲，梁憤慨地指出，中共進城後，使農民處於九地之下

的困境。梁的指責本來是向中共敲響警鐘，但毛澤東壓制了梁的意見，搬用蘇聯發展集體農莊的經驗，一味堅持先集體化，後機械化的集體主義方向，偏重從調整生產關係著手，即從合作化迅速奔向公社化，要使公有化程度愈來愈高，而忽視了以工業反哺農業，如何保護農民利益，提高農業生產率的緊要問題。要知道，農民過去雖然是小私有者，但本質上是勞動者，對勞動者是不能剝奪的，只能採取支助的辦法，讓農民得到實惠，從而讓他們自願地選擇集體化道路。也就是生產關係的調整必得適應生產力的發展水平，不能人為拔高。實踐證明，公社化的道路是失敗的，直到改革開放後，批極左，實行家庭聯產承包責任制，上述農業凋敝的狀況才大大改善，從而解決了十幾億人的吃飯問題。但隨著改革的深化，「三農」（農業、農村、農民）問題仍然嚴重存在，即聯產承包制的善政或可解決民眾的吃飯問題，但從中獲得的社會經濟效益仍不能滿足社會迅速發展的需要。對此，中共提出發展農業規模經營，農村剩餘勞動力向城市轉移的城鎮化方針，延長農村土地承包制及近年的免除農業稅、允許土地使用權流轉等一系列政策，這些政策不可謂不英明。但歸結到一點，最根本的還是如何大力提高農業生產力的問題。一段時間過後，聯產承包制的優勢能量基本上發揮到頂，而城鎮化是在農業生產力大幅提高前提下一個長期的歷史過程，不可能短期內取得實惠。土地使用權的流轉尚需在實踐中積累經驗。因此，當前怎樣更多地以工業積累反哺農業，以科技武裝農業，並完善社會化服務體系，儘快提高農業個體生產率，也就是加快實現農業現代化，這是國家必須特別重視，研究解決的當務之急。而且只有徹底破解這一難題，才能徹底告別靠天吃飯的小農經濟，為經濟

社會發展的鋪平道路，為真正實現小康社會、和諧社會創造條件。
而這，也是徹底剷除千年匪禍的根本出路。

　　當然，實現農業現代化的過程，也是一個農村政治、經濟民主
化的過程。道理很簡單，農民只有在農村經濟和政治活動中真正當
家作主，才會有生產積極性，從而改變農村的落後面貌。

民主是最大的生產力

　　總起來講，生產資料公有制是勞動者的經濟民主制，無產階級專政（人民民主專政）是勞動者的政治民主制，二者都是民主制，都應由勞動者當家作主。真正實行這兩種民主制，就必然能極大調動勞動者的積極性，盡可能快地發展生產力，增加生產力的總量，實現鄧小平要求的「三個有利於」。在這個意義上，可以說，民主就是最大的生產力。試想，人民真正當家作主了，幹活就是為自己幹，人民掌握政權，又必能有效地保護自己的合法權益，人民怎能不高興？怎能不最大地發揮自己的聰明才智和創造力，以又好又快的方式極大地提高生產率？經過半個世紀的曲折奮鬥，人們既已愈來愈認識到「民主是個好東西」，那麼，大力推進經濟民主和政治民主的改革，就應成為當前第一位的緊要任務。正如鄧小平說的：「沒有民主就沒有社會主義，就沒有社會主義的現代化。」可以合乎邏輯地認為，沒有民主和社會主義現代化，就不可能從根本上改造幾千年傳統的小農經濟，從而挖掉官匪和民匪的禍根，就不能實現人的自由全面的發展，從而實現「自由個性」的新型社會形態。

　　民主，這是人類文明史，也是中華文明史發展的必然要求，也是時代的潮流。

　　時代潮流，浩浩蕩蕩，順之則昌，逆之則亡。

附錄

一、自古帝王皆流氓
——讀周良霄《皇帝與皇權》

　　近年來一部部帝王劇在媒體上鬧哄哄，你方唱罷我登場，一本
本大部頭皇帝傳記連袂出籠，在一派鼓噪聲中，中國歷代有名氣的
帝王紛紛喬妝打扮成賢君聖主模樣招搖過市，真是懿歟盛哉，彷彿
帝王們真有些了不得的過人之處。看來確有必要向民眾普及一些關
於帝王和帝王文化的正確知識，讓人們真確瞭解其實質和本來面
目。1984 年岳麓書社曾重版湖南人易白沙舊著《帝王春秋》一書，
開列帝王十二大罪，舉史實為證，間下評語，畢竟屬於資料彙集，
而近年上海古籍出版社推出周良霄先生的新著《皇帝與皇權》
（1999 年 4 月版）則屬於有史實、有分析的科研成果，頗具理性
精神。此書的出版，可以說是適逢其會，於讀者大有益處。
　　撥開舊史學為帝王們粉飾的層層迷霧，人們將憬然猛省，原來
威儀棣棣、尊榮一世的帝王們並不是什麼賢德之人，他們壓根兒就
是一夥青面獠牙、相貌猙獰的流氓，有些還是禽獸不如的丑類。這
樣說，並不是單指歷史上的秦始皇、隋煬帝之類的暴君、昏君，就
連向稱「英主」的唐太宗也超脫不了「流氓性」。唐太宗是靠殺掉
其兄弟的「玄武門之變」上臺的，只是由於他開明的「貞觀之治」
的政績沖淡了他早期「逼父屠親」的惡德，這也就罷了。但唐太宗
晚節不終，追求長生，陷入腐化，最後是服藥而死，屬於非正常死
亡，可見其愚昧荒唐。最令人可惡的是，他遺命以最傑出的書法家

鍾、王手跡，特別是王羲之「紙墨如新」的《蘭亭序帖》殉葬，使後人至今無以得見如此名貴的「國寶」。這種奪天下之無價之寶為私有，而且是死後毫無價值的殉葬行徑，無疑是不折不扣的流氓強盜的罪行。事實上，唐太宗晚年的政治也很糟，馬周上疏稱其時「供官徭役，道路相繼，（百姓）兄去弟還，首尾不絕。遠者往來五六千里，略無休時。」魏徵為之上《十漸不克終疏》，並不是沒有針對性的。唐太宗尚且如此，等而下之，如漢武迷信方術，又窮兵黷武，求西域龍馬；晉惠帝以白癡治國；蜀後主劉禪臨終縱樂；更有荒淫無恥以天下事為兒戲的陳後主、南唐後主、明世宗之類，真可謂「決東海之水，流惡不盡，罄南山之行，書罪無窮。」（隋末討煬帝檄語）。歷來暴虐昏瞶之君，實難盡舉。對暴君的虐政，如秦始皇、隋煬帝，史學家往往高談客觀效果，不屑於道德評價，如修長城、開運河等都似乎被形容為偉大功績。其根據是有利於生產力的發展，促進了民族的文明進步。然而生產力並不是一個抽象概念，勞動群眾本身就是生產力中最能動的要素。修城、開河都有直接虐殺勞動力的暴行，連勞動力都從肉體上消滅了，還談什麼生產力的發展呢？按照上述邏輯，二戰中德日法西斯從歐亞大陸掠奪了巨額黃金、資源和文化藝術品，是不是也可以說成保護了人類文明成果呢？當今的法西斯餘孽就是這樣自我辯解的呀！可見道德評價應當同歷史評價統一起來，如果說功績，那也只是屬於用血肉為長城、運河奠基的人民群眾的功績，以此為秦皇隋煬評功擺好，是非顛倒，可謂不智，何況秦皇修城初衷是避忌「亡秦者胡」的謠言，隋煬開河更專為下江南遊樂，豈有他哉！我們批判了「英雄史觀」多少年，只是修城開河由於暴君首倡了一下子便為之奉送廉價的贊詞，那「英雄史觀」豈不是反而正確了嗎？無視歷史上被奴役的勞

動人民的血淚和犧牲，處處為暴君虐政開脫，這究竟是史學家一種
什麼心態，什麼感情！實在難以理解。由此聯想到對一些素質低下
的所謂農民起義領袖的評價，如劉邦之無賴寡恩，項羽之暴虐嗜
殺，黃巢、張獻忠之殺人如草，朱元璋之殘忍猜忌，洪秀全之愚人
自愚，以往一作階級分析，便以「造反有理」一語蔽之，不敢對之
有半句非議。而要真正講勞動人民的感情和立場，其惡行惡德難道
是可以原諒的嗎？周良霄書中有一個估計，在二千餘年中秦朝以下
以直線相承的 22 個王朝中，出了皇帝 170 個，假若有 1/5 的皇帝
算事業型、有所作為的，以一個皇帝在位十二三年計，這類皇帝統
治中國不過 400 年，而其餘 1700 餘年，「我們這個古老的祖國就是
在一大群腐敗者、殘虐成性者、弱智者、未成年孩童以及病態的平
庸人等的專制統治下，蹣跚前進。即就所謂有為的少數皇帝而言，
在他們的統治期裏，真正能推動社會前進的功業究竟又有多少？這
也大成問題。」這真是慨乎言之，令人怵目驚心。瞿秋白曾憤慨於
胡適為反動的「政府權」辯護，有詩諷刺：「文化班頭博士銜，人
權拋卻說王權，朝廷自古多屠戮，此理今憑實驗傳。」（收入魯迅
《偽自由書・王道詩話》）真不知當今某些文化人何以偏偏對帝王
流氓們情有獨鍾，敬愛非常？

　　流氓本是一群被社會拋棄的邊緣人，其悲慘命運值得同情。但
是由於對生活的絕望，流氓滋生出一種反社會、反文明的破壞心理
和洩憤情緒。所謂「窮則思變，要幹，要革命」，至少是知道如何
變，變而有新出路才可以肯定。倘若愚昧無知，鋌而走險，燒殺搶
掠，前途無望，那就只能是「人窮志短」、「饑寒生盜心」，成為一
股盲目的破壞性、非理性力量。所以，流氓身上叢生了一系列人間
惡德，其主要特徵為殘忍、貪婪、狡詐、無道德、無信用、無操守、

反覆無常、肆無忌憚，自暴自棄，有奶便是娘、今朝有酒今朝醉，
等等。以往批判上述惡德，往往歸咎於農民意識、小資產者的局限
性，實為大大誤解，農民、小資產者固然是私有者，但他們同時又
多是勤勞本份、艱苦樸素的勞動者，並非殺人越貨的江洋大盜，而
且比較地嚮往文明，尊重文化人，與流氓無產者有很大的不同。而
帝王流氓又不同於流氓無產者。帝王流氓不是一無所有的人，而是
特權者，權勢最高，所以他的惡德還要加上驕橫霸道、窮侈極欲兩
項。流氓無產者由於無產而失掉生活信心，而帝王作為流氓有產者
則因富有四海卻不知如何處置而失掉人生奮鬥的動力，坐享其成的
生活使之甘於腐化墮落。於是兩極相逢，社會最高層的帝王與社會
最底層的流氓具有了同一性，而且帝王流氓就具有一切流氓惡德的
集大成。幾千年的中國封建社會為這幫流氓所統治，中國人民的苦
難是何等深重！何等慘烈！還是魯迅的話一針見血：「自有歷史以
來，中國人是一向被同族和異族屠戮，奴隸，敲掠，刑辱，壓迫下
來的，非人類所能忍受的楚毒，也都身受過，每一考查，真教人覺
得不像活在人間。」（《且介亭雜文‧病後雜談之餘》）

　　帝王一方面是十足的唯心論者，他們深信或宣稱自己是天命的
承擔者，是「真龍天子」，是神在人間的代理人，要百姓頂禮膜拜。
他們還奪占了一切人間美名，如歷代皇帝「上尊號」就都用一長串
美德的字眼，像唐玄宗之尊號為「開元天地大寶聖文神武孝德證道
皇帝」，竟有十六個字之多，其虛偽性無以復加。而另一方面，他
們在物質享受上又是徹底的粗鄙唯物主義者。因為天下變成他們的
私產，一切臣民都是他們的奴僕，故而錦衣玉食，花天酒地、醉生
夢死，而且操予取予奪之權，口含天憲，朕即國家，人莫予毒，極
其霸道，卻又疑神疑鬼、猜忌膽怯、色厲內荏之至。曹操說：「寧

使我負天下，不使天下人負我！」道破了天下帝王的反社會心理。至於心理變態，以虐殺臣民為樂亦不乏其人，如北齊後主高緯命人聚蠍於盆，使人裸臥其內，聽其「號叫宛轉」，他「喜噱不已」。遼穆宗終日沉醉，嗜殺成性，近侍多遭手刃，甚至被炮烙、支解，習以為常。劉宋的前廢帝「凶悖日甚，誅殺相繼，內外百官，不保首領。」隋煬帝因楊玄感反叛，從者甚眾，便說：「天下人不欲多，多即相聚為盜耳！不盡加誅，無以懲後」。但這個暴虐一世的殺人狂，在垮臺時卻內心極度虛弱，嘗攬鏡自顧說：「好脖頸，誰當斫之！」明太祖朱元璋起初像是一位大有作為的開國君主，但為了確保皇權繼承，發起胡藍大獄，殺了 45000 人，冤死者數量極大。正如馬克思指出的「專制制度必然具有獸性，並且和人性是不相容的。」事實上，暴君濫殺連禽獸亦不如，禽獸為了生存很少自相殘殺，往往是打敗或趕走對手了事，只有帝王流氓才幹同類相殘而略無憐憫之心的血腥暴行。所以正直的歷史學家說，一部二十四史不過是帝王將相的相斫書。一切帝王的惡德可以由魯迅筆下阿 Q 哲學「我要什麼就是什麼，我歡喜誰就是誰。」和對不合意者要「嚓、嚓」的砍頭主義來慨括。所不同者，只在阿 Q 是流氓無產者還「真能做」，帝王卻是不勞而獲的流氓特權者而已。

　　帝王何以竟會滋生如此眾多的醜惡德行？通常人們說是由於封建專權制度本身獨尊皇權的弊端造成的，這當然是對的。但從皇帝自身找原因，恐怕還同他們的暴發戶心理有關。因為帝王以天下為私產，而這筆巨額的財產不是盜竊而來，就是搶奪而來的，是他們的贓物。因為是贓物，所以「盜憎主人」，他們就必然有反人民、反社會傾向，動輒殘民以逞，以殺人為能事，奉行阿 Q 的嚓嚓主義。

　　因為是贓物，內心充滿恐懼，所以一切行事要鬼鬼祟祟，要嚴加保密，強化保衛，對身邊臣下乃至親戚朋友都心懷猜忌，防範森嚴，生怕贓物為他人染指和偷搶。因為是贓物，屬於無償掠奪，所以糟害天下不心疼，視財物如糞土，大肆揮霍，何況天下之大，財物多到使之難以承受，恨不得晝以繼夜，無節度地消費。

　　因為是贓物，而且藏又藏不得，扔又捨不得，所以思想矛盾，近退失據，長此以往，必然造成心理焦慮和劇烈的內心衝突，導致精神失常，難怪歷代帝王中多有歇斯底里、施虐狂、嗜血者、行為怪誕者等精神患疾，把國計民生搞得一團糟。流氓是一個不易定性的階層，帝王流氓尤不易定性。籠統地說帝王是古代最大的剝削者、壓迫者，仍不能給人以具體清晰的印象。馬克思、恩格斯這樣判斷：「流氓無產階級是舊社會最下層消極的腐化的部分，他們有時也被無產階級捲到運動裏來，但是由於他們的整個生活狀況，他們更甘心於被人收買，去幹反動的東西。」毛澤東則說，遊民無產者「這一批人很能勇敢奮鬥，但有破壞性，如引導得法，可以變成一種革命力量。」然而，歷史實踐證明，中國革命中流氓階層能被引導投身建設性的事業的例證很少。孫中山生前鬧革命，組織暴動不下十餘次，其中曾有多次想依靠「青紅幫」、會道門組織，都沒有成功過。其原因固然很多，但流氓之不可靠也是重要因素吧。看來，馬恩的看法似乎更能抓住流氓的本質，至於帝王流氓則必然比一般流氓要更壞到十倍百倍以上了。綜上所述，在行將告別 20 世紀的時候，我們確實應進一步認清古代帝王的醜惡本質，根本沒有必要再為帝王這具歷史僵屍招魂，更無須為之評功擺好。相反，舉凡在當今世界上有欲為帝王之夢者，則應堅決反對，舉世共討之，全民共誅之。

二、辜鴻銘：「在德不在辮！」

　　近年來，被稱之為「文化怪傑」的辜鴻銘被狠炒了一下子。這位先輩對納妾、留辮子、纏足等陋俗的辯護及其通曉多種外國語言的博學強記等奇聞逸事到處流傳，成了一些文化人茶餘飯後的談資。但是，在長長短短、大大小小的關於辜氏的隨筆文章及著述中，你找不到多少真正瞭解辜氏的見解。對辜氏深入研究和對他準確定性的結論，更是無人涉及。這實在是學術界的悲哀。誠然，辜氏常常好發一些令人驚異、側目的矯激之談。在歐風西漸、崇洋風彌漫的校園裏，辜氏身穿長袍馬褂，拖著一條小辮子踽踽而行，在時髦青年眼中，就像是一個怪物，所以無論在當年還是現在，他都脫不掉腐朽的「清朝遺老」的惡謚。然而，恰恰是這個不入流品的老頭兒，對歐美文化有過數十年的精湛研究，傑出的語言才能使他能深邃瞭解歐美文化的本來面目，親炙西方高等教育的精髓。他以介紹中國傳統文化，進而與西方學者交流，在歐美學界享有盛名。辜氏之所以後來厭棄西學，服膺於中國的孔孟之道，大力宣揚本土國粹，恐怕不能簡單地歸因於不合潮流的保守和夜郎自大。因為他是在異邦吃了多少年的牛奶麵包，深知西方船堅炮利的物質文明的利弊，才轉而頑固地死守「國粹」的，他確實有貫通中西、縱論中外的資格和本錢。西方學者從來沒有小看過辜氏，許多學者對他恭執弟子禮，而中國人中卻有不少號稱博學的人物把辜氏當做學術界的滑稽丑角看待，言及辜氏則哈哈一笑了之。究竟誰是自以為是、盲目自大呢？這就不易判斷了。

　　要正確評價辜鴻銘其人及其學術的價值。首先要瞭解辜氏生活的時代。辜氏生活在 19 世紀後半葉到本世紀前 30 年（1928 年去世），他才華橫溢的壯年時期，正是中國在近代史上遭受列強凌辱最盛，幾近亡國滅種的時候。他趕上了 1860 年第二次鴉片戰爭中英法聯軍火燒圓明園、1900 年八國聯軍侵佔北京，簽訂喪權辱國的「辛丑合約」這些使中國人受盡災難的歷史事件。在西方飽受「人權」神聖的薰陶，辜鴻銘在中國看到的卻是西方強盜的猙獰面目。在這種高強度對比的刺激下，但凡是一個有良知的中國百姓能夠對吃人猛獸般的列強頂禮膜拜，像當今一些時髦人物那樣去拚命追隨西方文明嗎？在當時弱肉強食，列強瓜分中國的狂潮中，在割地賠款，中華民族處在水深火熱的劫難之時，世界上有多少天良未泯之士為中國人民的悲慘遭遇說句公道話呢？考察歷史，可以看到，就在第二次鴉片戰爭打得炮火連天，英法侵略軍瘋狂搶劫圓明園之後，法國人韋爾莫勒爾這位後來的巴黎公社戰士在他編輯的報刊中刊登文章，直陳：「在中國耗費巨大的戰爭只會給法國人民帶來開支的增加，而給士兵帶來可怕的貧困、中國人的仇恨與蔑視。」英國一家報紙《人民報》指出，英國政府正「在中國進行赤裸裸的侵略。」呼籲「英國人民，決不允許對弱小國家發動這樣不正義的戰爭」。而另一家英國報紙《自由報》也認為中英條約「是通過武力才得到的，並且結束了中國的獨立」。這些公眾輿論都表明英法人民對中國人民反抗外來侵略的同情和支持。當然，我們更忘不了法國偉大的作家維克多・雨果寫給友人的一封信，信中憤怒控訴英法侵略軍在圓明園的暴行：「有一天，兩個強盜走進圓明園，一個搶了東西，一個放了火。這個勝利者把口袋裝滿，那個把箱篋裝滿，

他們手拉手，笑嘻嘻地回到歐洲。這就是那兩個強盜的歷史。在歷史面前，這兩個強盜，一個叫法蘭西，一個叫英吉利。」

在八國聯軍侵佔北京的戰爭中，法國工人辦的《前進報》發表〈鐵拳〉為題的社論說：「毫無疑問，中國人民運動（指義和團運動）的爆發，是幾年以前宣佈的對中國的『鐵拳』政策所引起的。」「因此，中國也舉起了它的鐵拳，這就不足怪了。」1900 年 12 月列寧在《火星報》創刊號上發表〈中國的戰爭〉一文，嚴正指出：「中國人並不是憎惡歐洲人民，因為他們之間並無衝突，他們是憎惡歐洲資本家和唯資本家之命是從的歐洲各國政府。」「那些到中國來只是為大發橫財的人，那些利用自己的所謂文明來進行欺騙、掠奪和鎮壓的人，那些為了販賣毒害人民的鴉片的權利而同中國作戰（1856 年英法對華的戰爭）的人，那些用傳教的鬼話來掩蓋掠奪和政策的人，中國人難道不痛恨他們嗎？」是的，歷史事實鐵面無情，公道自在人心。這些就是歐洲人民的公正輿論的代表，表達著全人類的良心。那麼，在中國呢？豈有堂堂中國空無人！中國民眾自然要奮起反抗，清朝愛國官兵浴血奮戰，義和團風起雲湧，誓死「掃清滅洋」，真可謂驚天地、泣鬼神！然而，中國的讀書人、知識份子哪裡去了呢？他們在幹些什麼呢？清廷豢養了一大幫昏庸的官僚在民族鬥爭的烽火中個個戰戰兢兢、卑詞厚幣，屈膝乞和，像膽怯的兔子。當八國聯軍進攻北京時，西太后張惶失措，抱著腦袋一股腦兒跑到了西安，躲了起來。可是，就在這民族危亡的時刻，有一個中國讀書人拍案而起，在上海的英文報紙《字林西報》發表了〈為吾國吾民爭辯〉等一系列文章，痛斥列強在中國的暴行，抗議他們在中國的「治外法權」和「治內法權」，揭露外國傳教士的無惡不作，控訴他們利用中國人中的敗類「什麼都侮辱什麼都傷

害」，明言這「就是中國民眾憎惡外國人的根源。」因為他們「給中國帶來的所有災難。」他嚴正地警告：「中國人民也有一種民族感情，這種感情一旦遭到蹂躪和傷害，他們將對此產生怨憤。」他清醒地認識到「像外國列強那種肯定出於知識不足的愚昧無知的物質力量，只能使中國人道德淪喪，陷入混亂。」他一針見血地指出歐美奉行群氓崇拜和強權崇拜，放縱一幫流氓無賴到中國為非作歹，而「在上者也變成了群氓一夥。」他在文章中向英國女王發出呼籲，要求她向中國人民能抱有同情態度。當得知英國女王去世後，他又在世界上公開向俄國沙皇和德國親王呼籲，以期解決中國問題，維護世界和平。他這樣做，只有一個目的：「讓中國獨立，看管好在華外人，使他們規規矩矩，安居樂業。」（以上均見《辜鴻銘文集》〔上〕海南出版社1996年版）這種要求只是任何一個主權國家的最起碼的要求，拿當今的熱門話題來說，是為著維護中國人民的最基本的人權。

那麼，這個人是誰呢？他就是辜鴻銘。就是這個人在國難當頭的時候，他敢於而且也能夠在國際社會為中國人呼喊出正義的聲音。這種中國人鐵錚錚的硬骨頭精神難道是可以漠視或小看的嗎？確實，辜氏的呼籲和抗議也許顯得微弱，得不到回應，而且在其言論中，他為義和團辯護的同時也發表了極力美化西太后的言詞，對中國傳統文化無條件地讚揚。但是這些偏激之論是在民族鬥爭激化，民族矛盾上升到社會諸矛盾中第一位時發表的，亡國滅種之禍迫在眉睫，有識之士憂心如焚，在這嚴重的特殊形勢之下，我們沒有理由苛求一位清廷的臣子必須去背叛皇權，正如我們不能因義和團運動有愚昧迷信行為就抹煞其反抗列強侵略的正義精神和大無畏勇氣。如果像當年某些民族敗類對侵略者的獸行不置一詞，反而

助紂為虐、為虎作倀，如李鴻章之流竭力結與國之歡心；如龔自珍的不肖之子龔半倫親導英法聯軍搶劫圓明園（包括一些卑劣貪婪之徒亦趁火打劫），那麼中華民族豈不是自甘墮落，成為萬劫不復的奴才，沒有任何希望了嗎？慶幸的是中國人民沒有被橫逆來犯所嚇倒，中國的知識界還有像辜鴻銘這樣一個人能挺身而出，向全世界發出對列強滔天罪行的憤怒控訴，向全人類喊出正義的呼聲。就此而言，不以小眚掩大德，從民族大節來判斷，辜鴻銘不失為一位偉大的愛國者，他不愧為中華民族的子孫。倘者總是有那樣一些同胞無視大節，處處抓住辜氏腦後的辮子說一些不三不四、輕薄無聊的話（比如在同類的問題上，就有對漢奸周作人百般寬容、極力吹捧的言論出現），那我們就不妨以辜氏的話嚴肅地回答：評價辜鴻銘：「在德不在辯」！

三、談先秦儒家的民主理念

1

談到民主制的起源，人們往往追溯到西方現代民主制的源頭，即歷史上古希臘羅馬的城邦民主制，無視或疏忽中國上古的民主傳統。事實上，中國上古也同樣有民主制產生，而且這種上古民主制的理念有著長期的傳承並深刻地影響著後世士大夫知識界乃至對政治事務發生作用。只不過這種淵源古老的民主理念在秦始皇帝制建立後被極權專制壓制了長達兩千多年而不彰，但它並沒有徹底被消滅，而是時隱時現頑強地存在著，而今被人們稱之為民本主義了。

民本主義是中國古代最進步的思想，歷來被歷代的志士仁人所重視、所強調並薪火相傳地傳承下來。可以說，古代民本主義是五四以來現代民主有中國特色的思想淵源之一，而上古的民主制又是民本主義之母。學術界往往把古代民本主義與現代民主看成是不相干的兩碼事，看不到二者之間的繼承關係，這是一種偏見。也有人認為古代民本主義是極權政治的附屬，是皇權主義的漂亮外衣；認為在民本之上還有帝王專制的操縱和控制，是口頭上的以民為本，事實是以君為尊。這就把民本主義錯誤地嫁接到了尊君論的枝幹上，抹煞了民本主義自身的真正來源。我們知道，任何一種民族文化，其內部都有兩種不同的民族文化，有統治階級的主流文化（所以說任何一種占統治地位的文化都是統治階級的文化），但同時還有反抗統治階級鎮壓的處於弱勢地位的被統治階級的人民大眾的

文化。這是兩種處於對立地位的文化。民本主義就是古代反映被統治的民眾利益的弱勢文化。只要有階級壓迫存在，就一定會有與階級壓迫相抗爭的民眾的文化存在、發展並潛滋暗長，民本主義長期遭受皇權專制文化的打壓排斥或者被曲解和利用，但它絕不會被消滅，它在歷代專制高壓的縫隙中生長，是所謂野火燒不盡，春風吹又生。尤其在皇權削弱、改朝換代之際，這種弱勢的民本主義會顯示強大生命力。這一點，從歷代勞動人民反抗暴政的起義中，可以看得很明顯。這是一種歷史發展中的規律性現象。

　　民本主義並非皇權專制的尊君論的派生物，它自有產生的淵源。這淵源可以直接地追溯到先秦孟子「民為貴，社稷次之，君為輕」的儒家思想。孟子的民貴君輕論雖無系統表述，但從其若干論列中仍然可以體會到孟子對暴君的憤恨與輕蔑，這是一種偉大的大無畏精神體現，極大地激勵著後世進步的知識士人為民請命，為民吶喊，一代一代前仆後繼，不懈抗爭。在孟子眼中，視國君蔑如，視暴君為獨夫民賊，他指斥暴君商紂王為「殘賊之人」，周武王伐紂是「聞誅一夫紂矣，未聞弒君也。」也就是認為誅紂是正義之舉，暴君該殺。孟子進諫於國君毫無奴顏婢膝之態，而是凜然面對，他說：「說大人，則藐之，勿視其巍巍然。」他自信，「在彼者，皆我所不為也；在我者，皆古之制也，吾何畏彼哉？」他打心眼裏看不起貪財虐民的權貴，所以他敢斥梁惠王「望之不似人君。」敢於提出對殘民以逞的暴君之類：「善戰者，服上刑。」在孟子看來，君臣關係是對等的，並沒有什麼尊卑上下之分：「君之視臣如手足，則臣視君如腹心；君之視臣如犬馬，則臣視君如國人；君之視臣如土芥，則臣視君如寇仇。」這裏並沒有臣對君絕對服從的愚忠態度。他主張君臣之交要「去利」、「懷仁義以相接」，既以仁義為尚，何須絕對

服從？倘反是而行，凡事順從便是「以順為正，妾婦之道也。」不是大丈夫的作為。大丈夫應行天下之大道：「得志與民由之，不得志獨行其道，富貴不能淫，貧賤不能移，威武不能屈：此之謂大丈夫。」特別是孟子不認為國君有不可移易的政治的世襲壟斷權，他認為貴戚之卿有責任：「君有大過則諫，反覆之而不聽，則易位。」而異姓之卿：「君有過則諫，反覆之而不聽，則去。」這裏貴戚之卿行易君之權，當不是一人的決定，而是諸卿之議，是集體決定，有上古民主制遺風。而異姓之卿則為宗法制下的別族受任者，自然對怙惡之君可以拂袖而去。由此可見，孟子的平等意識何等鮮明，何等強烈。

孟子的平等意識，來源於孔子。孔子主張有教無類。孔子又說過「四海之內皆兄弟」的名言，其平等意識十分明顯。在君臣關係上，孔子主張「君使臣以禮，臣事君以忠。」君臣之關係類乎朋友，「所謂大臣者，以道事君，不可則止。」為臣要忠，但不能愚忠。子路問事君，子曰：「勿欺也，而犯之。」就是說對君不要欺騙，卻不妨冒犯他。孔子又說：「忠焉，能勿誨乎？」誨誰呢，自然是誨君。既要誨君，那就不免冒犯。正確的態度是「忠告而以善導之，否則止。無自辱焉。」這就是合則留，不合則去。是所謂「危邦不入，亂邦不居，天下有道則見，無道則隱。」是所謂和而不同。這才是對孔子倡言「君君、臣臣」之道的正解，不可曲解為對君只能一味服從。《郭店楚簡・語叢三》更明言君臣關係是朋友關係：「友，君臣之道也。」

忠的觀念，在春秋之世並不只是下對上、臣對君的要求，而是常人之間應有的處世原則。曾子曰：「吾日三省吾身。為人謀，而不忠乎？……」為人謀而忠，是對任何人謀事都要忠，不是特指對君要忠；比如孔子言「孝慈，則忠」，就是對父母要忠。「子以四教：

文、行、忠、信。」「子曰：主忠信，從義，崇德也。」這些都是對弟子們提倡的道德要求，不是專對事君的要求。

更重要的是，春秋之世提倡的忠，還特別強調上對下，君對臣要忠。《左傳》稱「上思利民，忠也。」(《桓公六年》) 就是明證。對臣忠的要求，不是要臣絕對服從君，《郭店楚簡》載子思語：「恒言君之惡者，可謂忠臣矣。」忠臣要時常指出君之惡，而不是對君巧言令色，諂媚逢迎。後世的人們往往忽視先秦有關忠的本來涵義，偏向於強調臣對君的忠，這是極大的誤解，是秦始皇以後歷代皇權主義的篡改。這是必須鄭重加以澄清和糾正的。

無庸諱言，先秦之世是一個等級制的宗法社會，人與人之間社會地位、社會權利和義務是不平等的，否則也不會有孔子所謂「畏大人」、「愛有差等」的言論。但是，如前所述，先秦社會畢竟還未形成後世歷代皇權統治下的那種嚴酷的下對上的絕對服從觀念，如「三綱」論之類的神聖教條。所以先秦才出現了一批「上不臣天子，下不事諸侯」的志節之士，才有所謂百家爭鳴、處士橫議的生動局面。

這裏，有必要指出，「三綱」論本不出自儒家，而是出自法家韓非 (見《韓非子‧忠孝》)，後由董仲舒繼承，直到東漢班固的《白虎通》最終確定了「三綱六紀」之目，形成了二千年以來的主流意識形態。這與先秦孔孟的儒家思想不是一回事。

2

孔孟的平等觀來自上古民主制遺存的影響，特別是受周初文王、周公的直接影響。

　　我們知道，人格平等是民主的基礎，民主是人格平等在社會政治生活中的體現，二者密不可分。以周公為代表的周初精英便具有以人格平等為基礎的民主理念，這是孔孟平等和民主理念的來源。

　　周公是西周禮樂文化的奠基者，周公制禮樂對中華文明做出巨大貢獻，因而周公受到孔孟的由衷崇拜，被孔孟稱為聖人。孔子以繼承周公之志為己任，說：「周監於二代，郁郁乎文哉，吾從周。」並多次提到要遵從「周公之典」，晚年的孔子還以「不復夢見周公」為憾。孟子也像孔子一樣追慕周公。那麼，周公之聖，聖在何處？孔子認為周公之聖，在於他能做到「博施於民而能濟眾」，所以「周德其可謂至德也矣。」正因為孔孟皆以周公為終身效法的榜樣，傳承周公之道，故唐以前人皆以「周孔」並稱而非「孔孟」並稱。周孔並稱，說明唐以前的人們確認二者的繼承關係。

　　周公之偉大，之有「才且美」，主要在於他能體察和尊重民眾的意願，能在當時條件下繼承上古民主制的傳統，而不是以天下為私產，唯我獨尊。這不是說，周初的社會沒有階級和階級矛盾、階級壓迫，而是說周公善於化解諸多社會矛盾，構建一個和諧社會，他具有「天下為公」的胸懷和理想。周公繼承了文武的功業，攝政七年，天下大治，而後返政於成王。他並沒有壟斷最高權位自作威福。這是一種極高的境界，可為萬世法，後世帝王是絕無一人能及的。周公的盛德，正如《荀子・儒效》云：「因天下之和，遂文武之業……非聖人莫之能為，夫是之謂大儒之效。」

　　周公具有民主理念，施政尊重民意，以民生為重。《尚書・多方》云：「惟天時求民主」，這裏，「民主」一詞即最早見於中國典籍之明證，而且親出於周公之口。《尚書・周書・蔡仲之命》記述

周公不念蔡叔反叛的舊惡，封其子姬胡為魯之卿士。姬胡在魯有治績，故周公允其複蔡國。當其赴東土之時，周公就諄諄告誡他「皇天無親，惟德是輔。民心無常，為惠之懷。」即要以惠政來取得民心的擁護。《逸周書》尚存許多篇章記載周公獻策於文王要注重農事，順民以和，以求大治。《逸周書・大聚解》一篇詳細記錄了周公向武王呈獻的施政綱領，倡導「德教、和德、仁德、正德、歸德」即五德理念，並指出：「王若欲求天下民，先設其利而民自至。譬之若冬日之陽、夏日之陰，不召而民自來。」尤其強調要「振乏救窮，老弱疾病，孤子寡獨，惟政所先。」對此，武王聽從並極為讚賞，將這一綱領「銘之金版，藏府而朔之。」周公之政以民眾利益為重，《逸周書・本典解》述及德治之要：「生民知常利之道則國強，序明好醜必固其務。均分以利之則民安，口用以資之則民樂，明德以師之則民讓。」這是一種均富政策，顯然是符合民意的。正因為周公以民眾利益為重，所以周公頗有民主作風，史稱周公一沐三握髮，一飯三吐哺，禮敬賢士，《孔子家語・賢君》云：「昔日周公居塚宰之尊，制天下之政，而猶下白屋之士，日見百七十人」。為求賢士，如此勤謹；俯察民意，如此誠懇，當然就會得到民眾擁戴。所謂「周公吐哺，天下歸心」是也。這恐怕不能說僅是周公個人品德高尚，而且很可能有民主體制安排的制約。這裏最重要的是，周公從根本上具有效忠民眾的崇高風範，他要求執政者，以「父母之禮以加於民」（《逸周書・本典解》），就是以民為父母。這是後世帝王從來沒有的。後世當權者，即便是七品小縣官，也敢妄稱自己是民眾的「父母官」，完全與周公背道而馳。可知後來《左傳》云「上思利民，忠也。」不是空穴來風，而是有歷史淵源的，周公就是光輝的典範。

　　人們往往把先秦民主制遺風，說成是民本主義，出處見《尚書‧五子之歌》：「民惟邦本，本固邦寧」之語，後人言民本者也代不乏人。但既然以民為治國之本，何以民本就只是民本而不是民主呢？所謂「本」，就是主體。民為主體當然是民主。特別指出「民本」概念與民主相區別，是否必要，似可質疑。在先秦宗法制的等級制下，真正以民為主體、作主人，肯定不能真正做到。但在周公時代，周公能有以「父母之禮以加於民」的理念，認為民眾是父母，也就是主人的看法，卻是不足為怪的。因為周公熟悉在他之前上古的民主制社會文化遺產，接受了優良教化的傳統，對先賢進步的人文主義有深刻的體會和認識。孔子說：「周監於二代，郁郁乎文哉！」又說「殷因於夏禮，所損益可知也。周因於殷禮，所損益可知也。其或繼周者，雖百世亦知。」後人也說：「昔周公稽古三五之道，損益夏殷之典，制作禮樂，以仁義理天下……蓋周公制作之，仲尼祖述之，荀孟贊成之。」（《荀子‧楊序》）可見周公的民主理念和作風不是凌空蹈虛，而是有深刻歷史依據的。可以說，周孔孟荀是一脈相承的（荀子有君臣舟水之喻，當亦源於周孔）。

　　周公的視民如父母的民主理念，更直接地來源於他認真汲取了殷商滅亡的教訓。學界公認，殷商是一個巫風極盈、迷信天命的王朝，有出土的大量甲骨卜辭可證。殷紂王作惡多端，導致民眾怨恨，乃至武王伐紂時前徒倒戈而亡。但他即將身死國滅時毫無自省，仍自恃於「我生不有命在天？」（《書‧西伯戡黎》）「吾有民有命。」（《書‧泰誓上》）自欺地認為天命在商，不會滅亡，結果玩火自焚，一朝傾覆。周人本亦繼承商文化，相信天命。但商紂作惡而亡，明白昭示了天命並不可靠。紂臣祖伊就曾責問紂王：「嗚呼！乃罪多，參在上，乃能責命於天？殷之即喪，指乃功，不無戮於爾邦！」

（《書・西伯戡黎》）武王伐紂時更認識到「受（紂王）有臣億萬，
惟億萬心」，「受有億兆夷人，離心離德。」但「商罪貫盈，天命誅
亡。」他們認為天是有意志的，天意是獎善懲惡的，不會永遠偏愛
暴君。天只是民眾的保護者，對暴君天意是要誅滅他。所以武王滅
紂是順天應人、「弔民伐罪」，是正義之舉。事實上，先商明君成湯
的賢臣伊尹就說過「德無常師，主善為師」、「惟天無親，克敬惟親。」
（《書・咸有一德》、《書・太甲下》）並明言「惟上帝不常，作善降
之百祥，作不善降之百殃。（《書・伊訓》）」這就是周公所謂「皇天
無親，惟德是輔」（《書・蔡仲之命》）的理念。說明周初確實繼承
了殷商時期進步的理性主義文化，而不是像商紂王那樣一味迷信天
命，自欺欺人。在《泰誓》中武王倡言「天矜於民，民之所欲，天
必從之。」又說「惟天惠民，惟辟奉天。」「天視自我民視，天聽
自我民聽。」「奉予一人，恭行天罰。」對克商充滿必勝的信心，
且果然一戰告捷。由此，西周一直奉行「敬天保民」政策，而這一
政策可以說是奠定周朝八百年基業的思想基礎。

　　所謂敬天保民，在周公看來保民就是敬天，順從民意就是符合
天意、符合天道的。這樣就把上古傳承下來的「天人合一」之道的
重點落實到了「人」的實體上。在天人關係中，人被放在第一位，
天是順從人意即順從民意的：「民之所欲，天必從之。」春秋之人
更有直截了當的表述：「夫民，神之主也。是以聖王先成民而後致
力於神。」（《國語・鄭語》）這種民為神主的理念，真是十分偉大
的。這與商紂王的惟天命論、迷信天命不可移的觀點相對立，是一
大突破，也改造了上古天人混沌、天人不分的迷信思想，是對以民
為本的理性主義的張揚。順便指出，以往學界遵從閻若璩的考證頗
疑《泰誓》是偽古文尚書。但考「民之所欲，天必從之」語在《左

傳》中兩見（襄公三十一年、昭西元年），《國語》中一見（《鄭語》），均係先秦典籍所引，《左傳》、《國語》非偽書，所引《泰誓》當非全偽，至少「民之所欲，天必從之」之語非偽造。閻若璩之說有必要厘正。

在中國古代，以民意為天意的尊民認識並不少見，只是在皇權專制主義思潮控制籠罩下被遮蔽而邊緣化了，甚至還遭到排斥和打壓，因而不被人們重視。周初既有這種天從民欲的理念並被後人尊奉，周公既以父母看待民眾，那麼其時最高統治者稱天子，就是順理成章的。所謂天子就是民眾的兒子，他理應為父母為民眾效勞、服務。但是歷代的天子、帝王顯然不會這樣自律。只有當皇權主義被動搖或皇權難以行其獨裁時，這種淵源甚古的尊民意識就會時而抬頭並得以彰顯。繼《荀子》提出「君者，舟也；庶人者，水也。水則載舟，水則覆舟」之後，西漢人就有倡言「古之賢者以民為天，民以食為天」（《史記‧酈食其傳》）的高論。北宋政治家王安石也明確認為周公「以德為盛，天自民視聽者也。所謂得天，得民而已矣。」（《郊宗儀》）歷代反暴政的農民起義多打著「替天行道」旗號（如東漢黃巾軍之「蒼天已死，黃天當立」，唐黃巢號「沖天大將軍」等），以代天興師，討伐民賊，更是人們所熟悉的。所以周公以民為父母，周初敬天保民、天從民欲及後世得民心者得天下以及「民為神主」的進步思想，是一脈相承的。這便是中國古代傳統文化中最可寶貴的精神遺產，今日我們倡導的「以人為本」施政方針是對傳統文化精華的繼承和發揚光大。這個方針的提出，其意義之重大是無可估量的。

3

　　那麼，周公的民為父母的民主理念又是從何而來的？按諸史籍，當來自傳說中的堯舜禹時代，準確地說來自上古早期民主制社會流傳下來的社會意識。以往學界鑒於堯舜禹時代未見考古實物資料證明，皆認為其事只是傳說而不可憑信。但即使是傳說也必有真實歷史為原型，不可能全是捏造，何況僅靠考古實物資料也無法確知遠古的各種社會生活詳情。考古學並不萬能，也有其認識的局限，這是應當瞭解的。因此，研究遠古的社會史仍應重視見載於典籍的遺說並參以別的人類社會學等學科的成果。

　　學術界基本上認可人類早期社會實行社會共同所有制，在內部管理上實行氏族民主制。這在中國上古堯舜禹時代也不例外。目前可據的材料是《尚書》中的傳統記述。先秦儒家「祖述堯舜，憲章文武」，所瞭解的思想資源應當要比《尚書》更多，這是不難想見的。

　　在《書・堯典》中記述堯選用治水的能臣時，他不是獨斷專決，而是徵求四岳的意見。這裏的四岳，不是四位大臣，而是四方諸多部落的領袖。四岳共推鯀負責治水大計，堯雖然認為鯀未必勝任，並非最佳人選。但四岳稱「異哉，試可乃已。」就是要求從實踐效果來考驗一下鯀的才幹。這當然是合理要求，所以堯決定同意大家的決定。最終證明堯的意見是對的，有先見之明；鯀治水「九載，績用弗成。」這明顯是實行民主決策，凡大事必諮詢於四岳這種做法，史家都認為這是其時有部落聯盟會議的民主制的體現。

　　堯去世後，舜繼帝位，選拔鯀子禹負責治水，也是一仍舊貫，咨於四岳，從而授禹以職權，完成了治水的功業，《書・舜典》謂

舜「詢於四岳，闢四門，明四目。」也就是實行民主，俯聽民意，廣開言路，集思廣益。

這是議決大事靠民主制。再看更緊要的有關選拔帝位繼承人的情況。堯之擇舜為接班人，並沒有獨斷專權，也沒有選拔大臣放齊推薦的自己的兒子朱啟明和歡兜推薦的共工其人，而是仍要咨於四岳，並請四岳出山理政。但四岳自認不敢當：「否德忝帝位。」堯便請四岳從廣大民眾中推薦人才：「明明揚側陋。」四岳於是推薦了平民出身的士人舜。接著，堯對舜進行了三年之久的全面考察，並使之「納於大麓」，因舜能做到「烈風雷雨弗迷」，經受了考驗，堯這才傳位於舜。

在舜的晚年選拔接班人時，仍然堅持「稽於眾，舍己從人」，以「不虐無告、不廢困窮」即以關注弱勢群體利益的原則確定人選。由於禹有治水功績，又有「德惟善政，政在善民」，「正德、利用、厚生、惟和」等施政見解，且禹做到了「克勤於邦，克儉於家」，最終經過枚卜程式，傳位於禹。舜諄諄教導禹要以民意為重，「無稽之言勿聽，弗詢之謀勿庸。可愛非君？可畏非民？眾非元后，何戴？後非眾，罔與守邦？欽哉！慎乃有位……」（以上見《書・大禹謨》）《史記・夏本紀》載，舜傳位禹，禹讓於舜子商均，但「天下諸侯皆去商均而朝禹。禹於是遂即天子位。」這都說明舜之傳禹也是遵從民意的結果。雖然後世學者也懷疑《大禹謨》是後人偽作，但該文所追述的內容必有其據，文中傳達的資訊有相當真實的歷史舊影，不可以虛造視之。

在禹傳位接班人的過程中也是一如既往地遵從民意。《史記・夏本紀》載，禹先選擇皋陶。皋陶是禹的賢臣，其人有強烈的民主意識，曾提出施政重「在知人，在安民」的見解，並有「天聰

明，自我聰明；天昭畏，自我民昭畏」的名言（見《書・皋陶謨》），對禹的施政貢獻甚大。不幸皋陶早卒，禹乃再選益。然而「及禹崩，雖授益，益之佐禹日淺，天下未洽，故諸侯皆去朝啟，曰：『吾君帝禹之子也。』於是啟遂天子位。」稍詳的記載見於《孟子・萬章上》，當時是「朝覲訟獄者不之益而之啟，曰：吾君子也。謳歌者不謳歌益而謳歌啟，曰：吾君子也。」就是說天下人擁戴啟，因「啟賢，能敬承繼禹之道」，故啟才取得了繼位的資格，而益也不能不避讓權位，這不是遵從什麼非傳子不可的定則，而是其以德服眾的結果。這個傳統在孔子看來即「唐禪虞，夏後殷周繼，其義一也。」用孟子的話說是選擇執政者時，「諸大夫皆曰賢，未可也；國人皆曰賢，然後察之。見賢焉，然後用之。」這是明白易見的民主制遺風，孔孟所「祖述堯舜」，由來尚矣。後來，梁啟超作《古議院考》，引《禮記》「民之所好為之，民之所惡惡之」及《孟子》上述一語，推論先秦有議院之雛形，並非鑿空之論。誠然僅從以上所論，今人尚無法瞭解上古民主制的具體規則和操作細節，因為上古時代的歷史過於久遠，見諸文獻記述的尤少，而且愈是到後來帝王權勢愈重，民主制與民主思想資源愈少，民眾的要求和呼聲也愈微弱。民眾看到的只是有權勢者在政治舞臺上走馬燈似地更替表演，並大權在握，操縱政治，予取予奪，民眾根本沒有從政議政的權力。這就難怪儒家退而求其次，側重於強調進勸當政者要體恤民情，提高道德同情心，而無法實施他們天下為公的仁政禮治了。然而，儘管上古民主制及其影響在歷史的煙塵中漸次淡化，但這種民主傳統是不可能全部滅絕的，先秦史料中畢竟留下了可供今人探索思考的珍貴記錄，使我們回望前塵時尚有所從，看到了文明初期的一抹亮色，從而感悟民主制的

產生並非西方古希臘的專有品，在中國的先秦時代，它亦有著上古偉大而悠久的傳統。

四、關於先秦民主等理念若干問題的辨析

　　破解中國癥結，探討中國未來的走向，不能不研究中國的過去，深入瞭解中國古代的傳統文化。傳統文化的存在就是當前最大的國情。為此，就以下讀書思考傳統文化，主要是先秦文化中二十幾個重要問題引發出筆者的感悟，有所論列。現就此就教於方家，以匡我不逮。

1.原儒定性

　　治國學先要讀原儒典籍，具體談要讀孔孟，入門書首推四書五經。但有人談當今讀孔孟不合時宜。孔孟不能發財生利，不適應全球化競爭的形勢。這話要以孔孟不能直接轉化為生產力，從而增加財富，自然是對的。但全面地看問題，強國富民不能只抓物質生產力，要兩手抓。物質生產力是硬實力，還要輔以強勁的精神文明動力即文化，文化是軟實力。這是國人的共識。而發展文化、創造新文化，首先要繼承傳統文化，傳統文化就是最基本的國情。西方的進步文化傳入，也必須與中國傳統文化相結合。不然，它就不能中國化，就沒有同中國大眾的親和力，中國人難以接受。大家公認，從孔夫子到孫中山我們都要研究總結，是十分正確的。而瞭解和研究傳統文化，必從孔孟開始，這是合乎邏輯的。

　　研究瞭解孔孟，關鍵在從整體上把握孔孟原儒學說的本質，為孔孟準確地作科學定性。這必須全面精讀孔孟，領會其真諦才能做

到。孔孟學說究竟什麼是其本質、真諦呢？或說它是沒落奴隸主的學說，或說是新興地主學說，都是為剝削階級服務的。但是，只要認真讀孔孟，孔子說「仁者愛人」、「修已以安百姓」、「博施於民而能濟眾」、「泛愛眾而親仁」、「使民以時」、「利以平民」等等，孟子談「民為貴」，反對濫殺無辜，要求「不違農時，主張制民之產，民眾應擁有「五畝之宅，樹之以桑……七十者衣帛食肉，黎民不饑不寒」，稱揚武王的「弔民罰罪」之師，難道這些都不是為民眾利益著想麼？是故，不能抓住孔孟的片言隻語，一概抹煞孔孟愛民為民的主旨。

　　孔孟肯定有其時代局限性。如孔子主張「愛有差等」，孔孟都主張禮治，因此有人認為這是維護貴族等級制，有利於剝削階級統治。然而仔細分析，孔子所謂「愛有差等」不過是說人有血緣之親，愛父母妻子通常會超過愛其他人，這都不過是人情之常。至於禮治的主張，確實有等級制的意思。但等級制也有兩種，一種是維護專利暴政的等級制，一種是社會管理的行政等級制。對前者，孔孟是堅決反對的。孔子極贊堯舜禹，皆係遠古賢君，反對對民眾的虐（不教而殺）、暴（不戒視成）、賊（慢令致期），控訴「苛政猛於虎」，孟子則主張昏君應「易位」，贊同「誅一夫紂」，明言民貴君輕，都有反暴政專制的鮮明立場，但對行政等級制，正如後世之官制。試問，能夠取消這種等級制，廢除社會正常的行政管理嗎？而在孔孟其時，歷史上還沒有產生完善的民主政體。比較三代之制，唯有周禮尚存有遠古民主制遺風，為最優選擇，故而孔子說「吾從周」，孟子要求恢復遠古井田制，此外更無別的途徑。孔子所謂「克己復禮」，正是要求統治者（管理者）克己而行周制。是故，不能一概反對等級制。孔孟反對的是暴政專制，並不反對合理的社會管理

等級制（這在今天乃至以後也是不應反對的）。至於什麼樣的等級制是合理的，當然是可以討論的，現在我們不是也在強調體制改革麼。

拙以為，將孔孟定性為維護剝削階級利益的學說，是不慎重的。孔孟都是在野之士，孔子出身微賤。少時多能鄙事，孟子遊說諸侯，未嘗晉升政要，二人都是士人。所謂士，在先秦有沒落貴族，有新興地主，更有大量自耕農有技藝專長者，是社會的下層人物（如大舜即然），他們有國人身份，接近勞苦大眾，是社會中堅，具有強烈的人權平等要求和社會責任感，有條件時能參與政治。孔孟正是士人階層的代表人物，即君子儒，應當說孔孟學說是士文化中的進步文化，而這一進步文化正是幾千年來傳統文化中最有價值的精華部分。

也有學者因孔孟論道德倫理和教育方面甚多，定性孔孟是道德倫理學說，或只承認他們是教育家。這也是片面的。有明星專家講心得，大談孔子要人反求諸己，嚴責自身以適應形勢云云，這也是偏頗的。殊不知孔孟都力求積極干政，遊說諸侯，知其不可而為之。孔孟都不是單純的道德家、教育家，而是關注國計民生的政治家。孔孟「祖述堯舜，憲章文武」，就是以堯舜仁政、文武樣板改造社會。孔子有「足食足兵」、「富之教之」之論，孟子論證尤多，針砭時弊，議論風生。因為他們具有實現大同的理想，主張君子治國，精英政治。其道德論理與教育思想都是服務於這一大目標的。正因為這個原因，孔孟都認為「自天子以至於庶人，壹是皆以修身為本。」要求天子同庶人一樣修養道德，做出表率，目的在於從正心誠意修身齊家，落實到治國平天下。由於正心是修身之始，孟子還特別強調心性之學（宋明理學因之）。可見孔孟決不是單純的道德家、教

育家，而是以天下為己任的君子儒志士，孔子曰：「不能以禮讓為國，如禮何？」孟子曰：「如欲平治天下，舍我其誰！」

孔孟都有尊君思想，但沒有愚忠觀念。講愚忠的三綱論也是後人的曲解。此類的曲解，歷來多有，均應一一辯之。那麼，孔孟就沒有缺陷、沒有可非議處嗎？當然不是。孔孟生活在先秦，距今兩千年以上，不可能沒有時代局限性。筆者的看法是，正確評價孔孟，為之科學定性，要顧及時代，顧及全體，客觀分析。不可抓住一肢一節，以偏概全。倘以一孔之見自炫，信口開河，非但辱沒先賢，尤不利汲取精華，服務當代。

2.先秦民主

孔孟最有價值的思想，是其倡導的民主理念。奇怪的是，五四以來的批孔派對此從來不提，更不研究。批孔幹將們都是從小讀孔孟過來的，並號稱學貫中西了，為什麼對為此重大的傳統遺產不置一詞？令人不解！

孔孟講民主，孟子明言民貴君輕，人所共知。孔子體恤民艱，控訴苛政，提倡「泛愛眾而親仁」。重民思想至為明顯。後人卻認為這不是講民主，而是民本主義。所謂民本，來自《尚書·五子之歌》「民為邦本，本固邦寧」這句話。既然民為邦本，民即政治主體。民既為主體，這不明明白白是民主麼。民主的要義是以多數人的意願主持政治，即所謂多數原則。這種民主在中國遠古是存在的。如堯舜禹三代就保持著，並非世界上古希臘羅馬所獨有。周公制禮作樂，「稽古三王之道」（《荀子·楊序》）就有所繼承，而孔孟祖述堯舜，憲章文武，也傳承了這一民主遺風。呂思勉先生指出，

貴族政體，古代亦有端倪，卻未形成制度。但民主政治，古代史上是確有的。如《周官》有大詢於眾庶之法，其制謂鄉大夫各帥民而致於朝，小司寇「擯以序進而問焉」。其事項為詢國危、詢國遷、詢立君。就是解決國之危難、決定國都遷移、推舉首腦，必得聽取多數國人的意見。呂先生對此三詢均舉例而明之。《尚書‧洪範》論及決疑，以君主、卿士、庶人、龜、筮，凡五方面，以其票數多少而定，亦係會議之法。梁啟超作《古議院考》對此有專門討論。《尚書》還明確記載堯之選舜為接班人，舜之選禹為接班人，都是遵循民主推舉，是為「禪讓制」。《孟子‧梁惠王下》論及國君任用賢能，國君左右及諸大夫皆曰賢，未可，「國人皆曰賢，然後察之，見賢焉然後用之」。即尊重國人意見來用人，便是遠古民主制遺風。孟子認為君位不可壟斷，貴戚之卿有責任：「君有大過則諫，反覆之而不聽，則易位」。而異姓之卿遇之，「則去」。這種易君之權，操之諸卿之議，絕非國君擅權自決。故而，孔孟之尊君，應理解為尊重民眾之選擇，而非愚忠。所以，在君臣關係上，孔子說：「君使臣以禮，臣事君以忠」。二者是對等關係，不是人身依附，可以「合則留，不合則去」，孔孟遊說諸侯，不合則去，此例正多。孔子說「所謂大臣者，以道事君，不可則止」。明顯的主張「道」是忠的前提。子路問事君，孔子說：「勿欺也，而犯之」就是對君不要欺騙，卻不妨冒犯即敢於進諫，孔子又言「忠焉，能勿悔乎？」悔誰呢？自然是悔君。既要訓誨其君，那就不妨冒犯。正確的態度是「忠告而以善導之，否則止。無自辱焉。」即尊重國君，而不盲從。這才是對孔子倡言「君君、臣臣」之道的正解。《郭店楚簡‧語叢三》引子思言：「友，君臣之道也。」可謂精準之論，臣對君以朋友相待，不可曲解為對君只能無條件的服從。

　　事實上，忠的觀念在原儒看來只是通常人際相處之道。曾子曰三省吾身：「為人謀而不忠乎？」孔子言「孝慈，則忠。」「子以四教：文、行、忠、信。」「子曰「主忠信，從義，崇德也。」都是講對弟子、常人的忠。更重要的是，倡導上對下、君對臣要忠。《左傳》稱「上思利民，忠也。」（《桓公六年》）《郭店楚簡》載子思語：「恒稱其君之惡者，可謂忠臣矣。」所謂忠臣，就是要經常指出國君的過惡。這都明顯地不同於後世之愚忠。孔孟的民主理念有著久遠的歷史淵源，均來自遠古民主制。《尚書・皋陶謨》云：「天聰明自我民聰明；天明畏，自我民明威。」《尚書・泰誓》云：「天視自我民視，天聽自我民聽。」更明言：「民之所欲，天必從之。」，（此語在《左傳》兩見，《國語》一見）這裏所謂尊天，有原始自然崇拜的內涵，但周人吸取了夏商滅亡的教訓，改變了盲從自然之天的迷信，提出「敬天保民」，並直接地認為天意，實為民意。而周公更有以「父母之禮加之於民」（《逸周書・本典解》）的高論。所謂天子，待民為父母，說明天子不過是民眾的兒子，能不孝順於民眾麼！這與後世七品官也敢自稱民眾之「父母官」，豈不完全相挬！《尚書》還有「天矜於民」，「惟天無親，克敬惟親。」「皇天無親，惟德是輔」。「惟天惠民，惟辟奉天」，「惟上帝不常，惟善降之百祥，惟不善降之百殃」的諸種理念，故而尊天就必須首先尊民。這種民主理念，在秦始皇時代，實行皇帝權威至上被邊緣化，幾千年來隱而不彰。但漢初儒者如酈食其仍毅然進言劉邦「王者以民為天，而民以食為天。」（《史記・酈生傳》），北宋王安石也有「以德為盛，天自民視聽者也。所謂得天，得民而已矣」。（《郊宗議》）均是對這遠古民主制遺風的傳承。所以，說中國古代沒有民主制和民主理念，只有專制主義，是對歷史的誤解。批孔派奉行全盤西化，言必

稱希臘羅馬，無視中國傳統文化的民主精神，可謂數典忘祖，胡言亂語。但我們也必須承認，遠古和原儒的民主傳統被秦始皇及以後的歷代帝王所排斥、壓抑，以強化專制統治，諸多奴儒又學成文武藝，貨與帝王家，推波助瀾，謀取利祿，將民主傳統拋諸腦後，形成了唯皇命是從的惡劣風尚和主流意識形態。例如傳統糟粕的三綱論，特別是，君為臣綱之說，幾乎籠罩全社會。事實上這種三綱論源自法家《韓非子‧忠孝》：「臣事君，子事父，妻事夫。三者順，則天下治。」到西漢董仲舒進而宣揚君權，尤其到東漢班固作《白虎通》，三綱論才正式出籠，流惡千古。當然，遠古民主制尚處於民主政治發展早期。有其粗糙、不完善之處，原儒之論仍有文獻缺載、論述不詳之欠缺。這是需要以歷史的辯證的發展觀看待的。然而以此否定中國古代的民主傳統，卻絕對是錯誤的。

3.人權個性

　　重集體、貶人權、抑個性，是歷來批評儒家最嚴厲的罪名。但這一罪名並不能成立。

　　孔孟之道產生於宗法制的先秦。在宗法社會裏，以血親家庭為核心形成家族、宗族，同宗同族相互關懷扶助，這是先天血緣關係決定的。宗法社會產生在生產力不發達階段，個人求生力量薄弱，不可能脫離家庭宗族的關照。這時的重集體是很自然很合理的。而這時的重集體並沒有排斥人權個性的必然性，相反倒是人權個性的必要保障。中國人之重集體超過重個人，限制人權個性，是先秦之後皇權暴政造成奴隸主義的嚴酷統治的結果。而這個結果與原儒孔孟無干。相反，原儒倡導人權個性倒是十分鮮明突出的。

　　首先需要明辨孔孟所倡中庸之道，主張和為貴，很容易被認為是講圓滑、無原則，但求一團和氣。其實中庸，不過是倡導凡事不可過與不及，追求適度合理、恰如其分，並非讓人做好好先生，和稀泥。對於庸俗的和事佬，孔子明確反對，嚴斥之為「鄉愿，德之賊也。」所謂鄉愿，孟子指出是「奄然媚於世也者，是鄉愿也。」即無原則地討好世俗的偽善人，是與世俗同流合污的偽君子。相反，孔孟其人是個性鮮明原則性很強的。這個原則性即崇道：「朝聞道，夕死可矣！」孔子自言：「三軍可奪帥也，匹夫不可奪志也。」這個志，即「志於道」。孔子認為中庸是至德，民眾很難做到，那麼不妨退而求其次：「不得中行而與之，必也狂狷乎！狂者進取，狷者有所不為也。」狂狷之士不是個性鮮明的人麼？今天被稱為最後一位大儒的梁漱溟先生不就以「不可奪志」的錚錚之言對抗社會不公麼！孔子的弟子亦無不個性鮮明，讀《論語》者均不難體會。在捍衛人權方面，孔子控訴苛政，主張富民教民，將官學推廣與民間，有教無類，其維護人民的生存權、致富權、教育權可稱者甚多。孟子在人權個性上表現尤為突出。孟子根本不把昏暴之君放在眼裏，直斥梁惠王「望之不似人君」。認為武王殺紂是「誅一夫紂矣，未聞弒君也。」紂不過是殘賊之人，不配為國君。孟子倡言：「君之視臣如犬馬，則臣視君如國人；君之視臣如土芥，則臣視君如寇仇。」為臣者必有高尚的自尊，而不是當逢迎拍馬之徒。那些巴結權貴者，不過是「以順位正者，妾婦之道也。」孟子提倡大仁大勇，即所謂「得志與民由之，不得志獨行其道。富貴不能淫，貧賤不能移，威武不能屈：此之謂大丈夫。」面對權貴，他說「說大人，則藐之，勿視其巍巍然⋯⋯在彼者，皆我所不為也：在我者，皆古之制也。吾何畏彼哉！」只要是為著行道：「雖千萬人，吾往矣！」

這是何等堅毅自尊、何等光明磊落、何等鮮明的個性！孟子也提倡中庸，反對走極端，認為不可固執於中，「執中無權，猶執一也。所惡執一者，為其賊道也，舉一廢百也。」就是行中庸之道，既有原則性，又有變通性。舉例言之：「男女授受不親，禮也；嫂溺，授之以手者，權也。」可見，在特殊情況下，執禮要讓位於救人性命的人權。即使是貴為國君，有大過而不改，屢諫而不聽，貴戚之卿有權利使之易位，而異姓之卿則可拂袖而去。正因為孟子有鮮明的反暴政專制的立場，所以後世朱元璋當了皇帝就下令刪掉孟子此類言論，弄了一本《孟子節本》。因為孟子正是民眾人權的維護者，是專制暴君的敵人！

儒者鮮明的人權個性立場，在《禮記‧儒行》中有明確論述。如「儒有不寶金玉，而忠信以為寶……」「儒有可親不可劫也，可近不可迫也，可殺而不可辱也……」「儒又忠信以為甲冑，禮義以為幹櫓；戴仁而行，抱義而處；雖有暴政，不更其所。」「儒有……易衣而出，並日而食，上答之不敢以疑，上不答不敢以諂。」「儒有……身可危也，而志不可奪也。雖危，起居竟信其志，猶將不忘百姓之病也。「儒有……君得其志，苟利國家，不求富貴，」「儒有上不臣天子，下不事諸侯」等等。這些名言，體現了儒言高尚正直的個性特徵，特別是志在天下，不忘百姓之病，正是弘揚人權的高尚節操，幾千年來哺育了中華民族的志士仁人、民族英雄，可謂縱觀歷史，洞若觀火。

特別要表出的是儒者對財富的態度。孔孟不反對勞動致富，但必以義為前提。孔子曰：「不義而富且貴，於我如浮雲。」「富若可求也，雖執鞭之士，吾亦為之。如不可求者，從吾所好！」對為富不仁，依附權貴謀取暴利者，冷眼不屑，尖銳批判。弟子子貢為季

氏聚斂財富，孔子說：「非吾徒也，小子鳴鼓而攻之可也。」孟子勸齊宣王「王如好貨，與百姓同之」。對汲汲於富貴者，「由君子觀之，則人之所以求富貴利達者，其妻妾不羞也，而不相泣者幾希矣。」儒者自然羞於此輩為伍，所謂「為富不仁，為仁不富，」「君子憂道不憂貧。」這些閃光的明訓，在當今物慾橫流、貪腐氾濫的狀況下不是至可寶貴麼？那些損公肥私，敲剝民眾血汗的腐敗分子直可愧死，何足算也！

　　有必要說明，原儒的人權觀、個性論是小土地私有制下農業文明的產物，也不屬於原儒追求天下為公的大同世界的理念。但這些觀點與後世奴儒鄉原之徒的利祿追求有著根本的不同，不可混為一談。原儒的這批寶貴精神遺產，是值得今天認真繼承、發揚光大的。

4.以民為天

　　「民以食為天」是人們耳熟能詳的話語，該語出自《史記‧酈食其傳》。但還有一句更重要的話，叫「以民為天」，也出於該傳酈氏之口，全句為「臣聞……王者以民為天，民以食為天……」。一般人對前語甚為留意，這或許是自古以來國人以吃飯為頭等大事的緣故，不足為怪。

　　然而，「以民為天」這句話實在太重要了，因為這是中國遠古以來民主制的遺風。向來學術界只重西方古希臘城邦民主制的偉大傳統，不知何故，卻對自家遠古民主制不屑措意。實則中國原儒所尊崇的遠古民主遺風也是明顯的，否則孟子所言「民為貴，社稷次之，君為輕」之語便不知所從來。孟子「民貴」之說，在孔子那裏似未涉及，孔子尊天命但罕言之，似乎只重等級，不重民意。但倘

知孔子所言尊天即尊民，包括有民主理念，那就不可錯怪孔子不知民主為何物了。

　　先秦諸子講天，本有兩重涵義，一指自然之天，如《老子》；一指人倫之天即以民眾為天，如儒家。這關係重大，涉及對儒家的歷史評價。為什麼說以民為天是儒家傳統？蓋因儒家「祖述堯舜，憲章文武」（見《禮記・中庸》）儒家學術是繼承堯舜文武的傳統而來的。儒家以民為天之說便來六經中的《尚書》。人多引用《尚書・泰誓》：「天視自我民視，天聽自我民聽」，《尚書・皋陶謨》：「天聰明，自我民聰明；天明畏，自我民明威。」以之為西周「敬天保民」意識之來由。但更明確的話是《泰誓》中「民之所欲，天必從之」之語，這不明明白白是說天從民欲，民意即是天意，民才是天的主宰麼！據知閻若璩的力作《古文尚書疏證》揭出《泰誓》是後人偽作，但「民之所欲，天必從之」一語，在《左傳》中兩見（襄公三十一年、昭西元年），在《國語・鄭語》中一見，《左傳》《國語》分明不是偽書，可見「民欲天從」之語絕不可能亦偽，至少這句話不偽，確實是西周人的進步觀念。周武王在《泰誓》中倡言此語，故而他自信滅紂是「奉予一人，恭行天罰」，也就是遵從民意，弔民伐罪。天從民欲，民欲竟然高於天。實在是西周初最偉大的最光輝的發現，是先秦民主理念的寶貴結晶。

　　當然，武王倡言之語也不是憑空而來的，而是繼承了周公的尊民思想。周公制禮作樂，是引導先民社會步入文明時代，消除愚昧迷信巫風的第一人，在古代有極高的地位，與孔子並稱周孔，號為聖人。這不是沒有來由的，周公有「才且美」，有鑒於商紂王自認為有天命，有民眾而暴虐作惡，結果眾叛親離而滅亡的歷史教訓，諄諄告誡臣屬「皇天無親，惟德是輔。民心無常，為惠之懷。」（《周

書・蔡仲之命》），並獻策於文王要施行仁政：「振乏救窮，老弱疾病，孤子寡獨，惟政所先。」（《逸周書・大聚解》）周公關注民生，尤重民意，是故「居塚宰之尊，制天下之政，而猶下白屋之士，日見百七十人。」（《孔子家語・賢君》）史稱周公禮敬賢士「一沐三握髮，一飯三吐哺。」後人亦贊之：「周公吐哺，天下歸心。」（曹操詩）周公以天下為公，不以至尊自居，繼承文武功業，攝政七年，天下大治，而後返政於成王，表現出極高尚的政治品質。他要求執政者：以「父母之禮以加於民」（《逸周書・本典解》）。這意味著周王既是天之子，卻又視民為父母，豈非以民為天！這一光輝理念完全打破了夏商以來對天的神秘主義迷信，為後世樹立了偉大的榜樣，構建了以民為尊，以民為施政主體的治國綱領。後人稱「周公制作之，仲尼祖述之，荀孟贊成之。」（《荀子・楊序》）便是對原儒學術淵源發展的準確概括。

　　文武周公的尊民理念也有對先賢進步遺訓的繼承，可以追溯到堯舜禹傳說時代的遠古民主制遺風。大家都知道堯舜禹傳說時代實行政權的「禪讓制」，是靠民主選舉賢君實施政權的遞相交接，而非私行接受的。這在《尚書》中均有明確記述，無庸贅言。直至成湯的賢臣伊尹也說：「德無常師，主善為師」、「惟天無親，克敬唯親」（《尚書・咸有一德》），並明言「惟上帝不常，作善降之百祥，作不善降之百殃。」（《尚書・伊訓》），正因為有這樣一些可貴的精神遺產的傳承，周武王才可能從歷史和現實的經驗中總結出「民之所欲，天必從之」及周公「皇天無親，惟德是輔」的名訓。

　　也正是由於周初有尊民的思想傳統，在先秦人士中民主理念不絕如縷。春秋時人有「民，神之主也」（《左傳・禧公十九年》）「天道遠，人道邇，非所及也，何以知之？」（《左傳・昭公十八年》）

等批判神權、遵從民意的理性主義觀念。關於君臣關係,《左傳‧桓公六年》云:「上思利民,忠也。」子思亦云:「恒稱其君之惡者,可謂忠臣矣。」「友,君臣之道也。」(《郭店楚簡》)意思很清楚,所謂忠並不如後世理解的那樣只要求臣下對君王絕對服從,而是要求在上者對民眾忠;所謂忠君,也不是當君王的奴臣,而是以朋友身份要經常批評君王的過失,做君王的諍友。孔子主張「君使臣以禮,臣事君以忠」,就是主張君臣友道,二者是對等關係,而非主奴關係,所以孔子認為事君可以「合則留,不合則去」。「大臣者,以道事君,不可則止」。遵道才是最高原則。子路問事君,子曰:「勿欺也,而犯之。」即對君不能欺騙,卻必要時可以冒犯之。又說:「忠焉,能勿誨乎?」誨誰呢?自然是誨君。既要誨君,那就不免冒犯。正確的態度是「忠告而以善導之,否則止。無自辱焉。」這才是對孔子倡言「君君、臣臣」的正解,孔子不主張對君一味屈從。

孟子對尊民理念尤有發揮。孟子對暴君表現出極大的蔑視。他指斥商紂王是「殘賊之人」,武王伐紂是「聞誅一夫紂矣,未聞弒君也。」直言暴君該殺。「君之視臣如犬馬,則臣之視君如國人;君之視臣如土芥,則臣之視君如寇仇。」理所當然。孟子打心眼裏看不起貪財虐民的國君,他敢斥梁惠王「望之不似人君」。主張君臣之交要「去利」,「懷仁義以相接」,不必對君王事事順從:「以順為正,妾婦之道也。」不是大丈夫的作為。大丈夫應行天下之大道:「得志與民由之,不得志獨行其道,富貴不能淫,貧賤不能移,威武不能屈,此之謂大丈夫。」要對國君抱嚴正態度:「說大人,則藐之,勿視其巍巍然。」要有自信:「在彼者,皆我所不為也。在我者,皆古之制也,吾何畏彼哉!」這裏,孟子謂古之制也,正是先賢的尊民之制。特別是,孟子不認為國君有世襲政治壟斷權,他

認為貴戚之卿有責任：「君有大過則諫，反覆之而不聽，則易位。」
即對不稱職的國君，可以廢除之。而異姓之卿則是「君有過則諫，
反覆之而不聽，則去。」即辭職而去。由此可見，孟子的民主平等
意識何等強烈，態度何等鮮明！而此後荀子提出「君者，舟也；庶
人者，水也。水則載舟，水則覆舟」之論，又是對孟子的繼承弘揚。
由此，就不難理解，為什麼戰國之世社會上仍然湧現了大批「上不
臣天子，下不事諸侯」的志節之士，才會有處士橫議、百家爭鳴的
生動局面。概言之，這都是受周初尊民傳統之賜。

　　遺憾的是，至秦始皇統一天下，建立帝制專政，焚書坑儒之後，
皇權至上成為主流意識，造成萬馬齊喑之局。民眾拑口，道路以目，
先秦的尊民思想被遮蔽而邊緣化，這是中國歷史進程中一大悲劇。
但是，民主理念不可能完全被封殺，故而在抗秦鬥爭中，酈食其敢
於對劉邦進言：「臣聞……王者以民為天，民以食為天」云云。甚
至直到漢文帝時，有司上言請立太子，文帝竟下詔：「朕既不德，
上帝神明未歆享；天下人民，未有慊志；今縱不能博求天下賢聖有
德之人而禪天下焉，而曰豫建太子，是重吾不德也，謂天下何？」
（《史記・文帝記》）說明被功臣扶上帝位的劉恒自知人民不滿時，
古代有政權不能壟斷，可以禪讓帝位的先例。而當時也確有一位不
怕死的儒士眭孟上書，要求文帝考察天下，求索賢人，禪以帝位，
而退封百里，去享自己的清福，不要占著茅坑不拉屎（見《漢書》
本傳）。眭孟後來固然被殺了，因為劉氏本視天下為私產，決不會
自行禪讓。但這畢竟說明「效忠一姓，漢代的儒家，實不視為天經
地義。」（呂思勉語，見《中國文化史・政體》。眭孟之死，仍不等
於尊民思想的絕滅，且不說歷代史不絕書的人民起義反抗皇權專制
的鬥爭，直至北宋仍有王安石倡言周公「以德為盛，天自民視聽者

也。所謂得天，得民而已矣」（《郊宗議》）的高論，而明末亦有黃宗羲痛斥君王的《原君》專著。從以上諸例可知，自古以來中國並非沒有民主傳統，而是被幾千年的專制皇權所排斥，所壓制，難以彰顯。而這正是需要在今天民主政治實施中有必要大力挖掘並繼承發揚的中華文化的精華部分。

5.法制為輔

原儒的治國方針以德治為主，即禮治仁政，主張王道，反對霸道，其文獻論述側重宗法倫理，但並不否認法治。對此後人頗有誤解，似乎儒家只是提倡人治。五四以來批孔派就此大做文章，指斥儒家反對法治，至今學界仍有人批評中國只有人治傳統，沒有法治理念。這是不公正，不客觀的。

綜觀原儒的治國之道，是以德治為主，法治為輔。法治為輔，並不為錯。孔子曰：「為政以德」，又曰：「道之以政，齊之以刑，民免而無恥；道之以德，齊之以禮，有恥且格」這裏以政刑為主，就使人民為苟免於罪，胡作非為，而無廉恥，國將大亂。只有以禮治為主導，才能人有廉恥，人心歸服向善。所謂齊之以禮的禮即周禮，周禮的內涵即有講禮儀禮貌的行為規範，也有法治包括刑法的硬約束。孔子說：「禮樂不興，則刑罰不中；刑罰不中，則民無所措手足」。說明禮樂為刑罰提供準則。中國刑法始於夏代，《尚書·呂刑》追述夏之五刑有墨、劓、荆、宮、大辟等，稱「五刑之屬三千」。可見夏代的刑法頗細密。孔子能言夏禮、殷禮卻主張遵從郁郁乎文哉的周禮，推崇周公，當是因周公所制禮樂有更高的文明程度和人道精神，「周德其可謂至德」，使「天下大服」（《禮記·明堂

位》），可見周禮不似夏刑之嚴酷。順便說一說，以往批孔「克己復禮為仁」之語，本非孔子自言，而是往古之遺訓（見《左傳·昭公十二年仲尼曰》）。所謂復禮，正是講復周禮。孔子不廢法治刑律，本有寬猛相濟的名言，認為施政「寬以濟猛，猛以濟寬，政是以和」。「禮之用，和為貴，先王之道斯為美」。社會和諧是孔子的施政目標，而方法即寬猛相濟。顯然，孔子並不否認法治之重要，並強調德治才是治本之道，德治重於法治。德治對施政有普遍意義，而法治則只是輔助手段。孔子說：「聽訟，吾猶人也，必也使無訟乎？」理想的目標就沒有訴訟：政寬民和，沒有人打官司。實現無訟的社會，主要是靠德治即禮治、仁政的途徑，用今天的話來講即建設精神文明。在以禮治為主的立場上，孟子也始終如一地貫徹之，荀子更是提出隆禮重法的主張。荀子被稱為先秦儒學集大成，學界認為荀子吸收了法家思想，發展了儒家的學術內涵，這是時代進步推動學術發展的結果。作為原儒後繼的荀子明顯地禮法兼重，而非不講法制。

但是在小土地私有制下的宗法社會，講禮治，以血緣宗法制為基礎，這就不免出現親情與法治的矛盾。這是孔孟二人都遇到過的難題。

「葉公語孔子曰：吾黨有直躬者，其父攘羊，而子證之。」孔子曰：「吾黨之直者異於是：父為子隱，子為父隱。直在其中矣。」

有人問孟子，舜貴為天子，皋陶擔任法官。如果舜父殺了人，舜該怎麼辦呢？孟子認為，舜是大孝之人，「舜視棄天下猶敝蹝也，竊負而逃，遵海濱而處，終身欣然，樂而忘天下。」也就是背著父親逃往海濱，終身奉養父親並以此為樂，連天子之職也會忘掉。

顯然，孔子主張允許父子間瞞罪，認為這其中就有正直之道。孟子主張兒子可以幫助父親逃罪，這種行為的價值甚至高於做天

子。孔孟都認為親情大於國法，這與通常認為的法律面前一律平等完全相反了。有人考證孔子認為父子相隱之隱，是指沉默權，因《論語‧季氏》孔子有「言及之而不言，謂之隱。」即父子間不必作證落實對方的犯罪事實；孟子則主張父犯罪，子可以幫助父親隱藏起來不被法律追究，是孔孟都主張「親親相為隱」。這一主張在古代歷朝法律中均有體現，是為容隱制，從唐律到清律以至民國都有容隱的條文，而且世界上許多國家的法律也有類似的規定。對父子相隱，歷來學者多有爭論。那麼為什麼會有這種親親相為隱的法規？

這是因為古人認為證親之罪有違基本的道德法則，皇侃注曰：「父子天性，率由自然至情，宜應相隱。」又引范寧云：「若父子不相隱，則傷教破義，長不孝之風，焉以為直哉？故相隱以為直哉耳。」並認為這「蓋合先生之典章。」此解實有至理。其中隱含著一個大原則，即天道高於治道。親情是天然血親關係，法律條文是人為所制定。人為者應服從自然的天道（道法自然？）。天理、國法、人情應當統一於天理天道。孔子曰：「夫禮，先王以承天之道。」「夫禮，必本於天。」（《禮運》）禮如此，法亦然。人情順乎天理（天然血親即是），法律基於人情，故法當合乎天。法之產生基於習慣法，習慣法基於道德倫理，道德倫理即出於人情。何況親親有罪而相隱，是特殊情況，任何法律條文都不可能涵蓋一切犯罪現象，必有例外。對特例自應有特殊處置，這並不違反一般的治罪規範。故執法不可固執於通例，無視特例，也就是要力求人情與法的統一，情與法並非絕對對立。把握中道，適當地處理二者的關係，實為執法的一門藝術，執法者豈可忽乎哉！這其中更深刻的含義是對生命的尊重和珍愛，親情即出於生命的來源和傳承，人命關天，豈可忽乎哉！

　　但法官執法可以對之赦免乎？不可。法官自有取證定罪之責，只不過不必強使親親相證而已。孟子曰：「父子責善，賊恩之大者。」倡導孝悌為人本，以孝治天下的原儒認為責善是朋友之道，父子卻不可相互責善，又豈能父子相互證罪？同時孔子還認為士師（法官）審案「如得其情，則哀矜而勿喜！」即落實案情，應有憐憫心，不可幸災樂禍。後世也有「與其殺不辜，寧失不經」之論（《書・大禹謨》）。這體現了儒者的大慈悲心，執法者宜三思焉。

6.仁者無敵

　　原儒的政治追求是平天下。但是天下只有相對公平，而無絕對公平。但追求公平，是任何人，特別是正派政治家的理想，只是在小土地私有制下即便能實現相對公平也甚難。為此，在當時的條件下，原儒極力主張精英（賢人）政治，鼓勵君子儒從政。所以整個原儒學說不厭其煩訓導從政者要當賢人，當君子儒，樂於教育天下英才，舉賢授能，這就使其說不免側重於政治倫理道德的論述，而其核心即禮治仁政。

　　孔子首倡仁，孟子進一步發揮倡「義」。仁者，人也。發現人，是孔子的偉大功績，是古代社會文明進步的起點。仁也好，義也好，首先是對施政者的要求，這必須明確。因為不仁不義首先是施政者所為，不修理施政者豈能教化於百姓？「君子之德風，小人之德草，草上之風，必偃。」政者，正也。「其身正，不令而行；其身不正，雖令不從。」上行下效，所以《春秋》責備賢者。就是首先要求施政者有高尚的道德修養，因為非此不足以實現政治清明，社會公平。所謂反求諸己，躬自厚而薄責於人，見賢思齊，都是對施政者

的要求；而所謂君子云云，都是對有資格參政者的君子的教導。由此，可以認為，原儒學說是限制訓導統治者的學說，不是什麼奴臣愚忠主義。

原儒要求參政者的君子要努力學習，成為仁者，行仁政。就是把人當人，善待人，關愛人；「泛愛眾而親仁（人）。」成為仁者，施政者要求從自身做起，以身作則，乃至修齊治平。成為仁者很難，也不難。難在仁者的要求很多，如孔子言君子如何如何，德目甚多。不難在「我欲仁，斯仁至矣。」這裏，最關鍵的在施政者要克制私欲，凡事出於公心；克己復禮，仁也。

人難於克己，所以今有所謂「前腐後繼」。施政者倘人人真能克己奉公，不愁天下不治；「一日克己復禮，天下歸仁焉。」仁之時義大矣哉，林鵬先生著《平旦札》一書，多次論及孟子「仁者無敵」之偉大，卓有見地。此所謂無敵，並不是講仁者能打遍天下無敵手，而是講仁者沒有敵人，「四海之內皆兄弟也」。凡事從別人著想，怎麼會樹敵呢？即便有人對之抱有敵意，仁者亦可化解之。就個人而言，可以化敵為友；就敵國間而言，也可化干戈為玉帛。這就是仁者無敵。日本人歷來學習中國禮儀之邦，唯有一個仁字沒有學到手，他們講武士道，有忠義內涵，卻捨掉了仁的基本前提，所以二戰至今日本右翼不悔罪；人而不仁，如禮何！為人而捨仁，豈不謬哉。國人如之何？亦不妨反思焉。

仁者講仁道，即人道，文明。孔子提倡仁源自周公制禮作樂。周公有大公之心，代天子執政七年，反政於成王。他有條件自稱天子，卻讓位於成王，其仁政載在史冊，讀《尚書》、《逸周書》可知，周公謂以「父母之禮加之於民」，垂範千古。後世帝王民賊獨夫多矣，能比肩乎？周公是大仁者，為兩周奠基八百年，西周亦有五百

年，良有以也。仁者無敵，豈不然乎？周公行仁道，孔子大倡之，為中華禮儀之邦提供了幾千年的楷模和準則，是中國文明社會的開創者，從遺有原始迷信野蠻之風的社會步入「人」的社會，有沒有仁道（人道）即規範了人與獸的界限。有仁道，就離開了獸道野蠻本能惡習，而成為文明人，人與獸之區別正在於此，能說周公孔子不偉大麼！

　　中國人因有周公孔子的禮樂文明，是歷史進步一大跨越。禮樂屬於精神文明範疇，從西周開始中國成為禮樂之邦，開創了中國人重精神，尊道德而不看重物質利益的偉大傳統。古人論人品總講「道德文章」而不講事功，英雄不論出身，但不可以成敗論英雄，道德標準占第一位。至今幹部考績也倡德才兼備，以德為先，正是對傳統精神的繼承。綜觀歷史，歷來史家有崇拜聖賢的尺度，並不讚揚什麼成功人士和發財之人。而是尊崇有德之人，貶人則曰缺德。甚至特別敬仰失敗的英雄。如孔孟汲汲於用世卻到處碰壁，但後世尊為至聖、亞聖，其餘如《史記》論項羽、荊軻，杜甫評諸葛亮：「出師未捷身先死，長使英雄淚滿襟！」更有岳飛、文天祥、劉基、方孝孺、袁崇煥、秋瑾、戊戌六君子乃至續范亭、陳獨秀一大批為救國救民捨身的志士仁人，都是民族的脊樑。而他們都是失敗的英雄，而民眾至今尊崇之。在這些民族英雄身上體現了中華民族的國魂，值得國人為之自豪，並認真繼承其精神。試看 2009 年四川汶川大地震後全民賑災的高昂熱忱，誰能說中國人沒有仁者？這就是仁者無敵，中國有這樣的大仁大義的民眾，中華民族的偉大復興一定能實現。

　　但是不可諱言，周孔之道也是有歷史局限性的。今天的社會主義中國已進入公民社會，要實施公民政治，而不是周孔時期農業經

濟下的精英政治。繼承傳統精華，就必須與時俱進，適應時代進行創造的轉化。胸懷博大的中華民族也自應放出眼光，拿來主義，吸取世界各國文化的先進成分。

孔孟倡仁，偏重施政者的道德修養，但沒強調執掌政權，認為教化之功為施政基礎固然不錯，卻不重視掌權才是有效的實施教化的保證。而後世掌權者卻大多非仁者，造成了多少罪惡，也使多少君子屈居下僚，素志難伸。儒門於此可謂百密一疏，千慮一失。再者，司馬談論六家要旨，以儒者博而寡要，勞而少功，是以其事難盡從，當是看到儒門所倡周禮其儀注繁雜種種，對君子的要求亦過嚴過細，故有為而發。又，漢儒如董仲舒倡言「正其道不謀其利，修其理不急其功」，而不理會孔孟重視富民教民、制民之產的要旨，從而誤導後人鄙薄勞動生產，一味惟有讀書高，製造了千年的流弊。西哲說，真理超過一步便是謬誤。走極端之大害有如此者，是故中庸為至德，何其難也。

7.勞心勞力

看到一則故事，說出來分享：一位專學果木栽培的大學畢業生，工作後分配下鄉指導果農栽培桃樹的技術。他十分熱情地教一老農如何剪枝、如何嫁接，講解認真詳細。老農聽了直點頭。但在具體操作時，老農仍然按自己原來的方法去幹。大學生納悶，提醒說：大爺，你這樣子幹法，將來連十顆桃子也結不下。老農回答：按你的幹法不要說十顆桃子，連一顆也結不下。娃兒，這是李樹呀！

這故事固然諷刺剛出校門的大學生辦事不看對象，看問題過於馬虎；同時也說明行業隔膜，專業技術運用有偏，文不對題。大學

生種桃的知識技能未嘗不對，但用錯了對象，其用之於種李便毫無用處。從這裏可以啟示一條事理：隔行如隔山。

我們知道，行業分工是生產力發展的客觀要求，是社會進步的必然。人類早期首先有農業與狩獵的分工，其次有農業與手工業的分工，在社會管理上又有管理者與被管理之分工，有從政與各勞動部門的分工，有體力勞動與腦力勞動的分工等等。這些均體現了人類歷史的進步，知識愈到後來，分工愈細密，直至資本主義大生產的出現，才導致了長期固定化的職業分工，人類發生有異化為機器附屬工具之虞，分工反而束縛了人的個性和全面發展。這就需要進一步社會變革，消除有害的分工。

在孔孟所處的中國先秦時期，社會行業分工，特別是腦體勞動的分工尚屬歷史的必然，而且體現了文明進步。是故乃有參與上層管理即施政的君子與從事一般體力勞動的小人之區別，乃有孟子所云：「然則治天下獨可耕且為與？有大人之事，有小人之事……故曰或勞心，或勞力，勞心者治人，勞力者治於人，治於人者食人，治人者食於人，天下之通義也。」又云：「無君子莫治野人，無野人莫養君子。」此論，是對許行主張君子凡生活用品皆由自產，否定分工必要之荒謬主張的批評。這裏，孟子大人小人之分，似有貶小人之事之意。不符合今天人人平等，勞動無貴賤的觀念，但孟子當時強調分工的合理性卻不能說也錯了。

孔孟的追求既在治國平天下，自然注重禮治仁政之類政治問題，而偏重於對參政者的政治道德倫理教育，培育君子英才，這正是其行業分工之專門。因此作為政治教育家的孔孟對其他勞動部門就不免隔膜，甚至對儒學不免有一種自尊自重的態度。但這並不能像從前批孔派所指責的孔孟鄙視勞動和勞動人民，只不過對體力勞

動之類操作技藝不在行而已。孔子出身微賤，自幼學習俎豆之事，重在禮制，故承認「軍旅之事未嘗聞也」。孔子雖然少時多能鄙事，曾為季氏管倉庫和畜牧事，幹過吹鼓手之類雜役，但他志不在此，因此不熟悉農業生產。當弟子樊遲向他請教學稼學圃，他承認「吾不如老農」，「吾不如老圃」。這是知之為知之，不知為不知的誠實態度，無可厚非。蓧丈人批評孔子「四體不勤，五穀不分」時，孔子並沒有生氣，仍尊之為隱士，他未必不承認丈人講的不是事實，因為他確實不會務農，參加體力勞動不多，但他堅持自己的選擇。儒門教育有所謂六藝，無論是指六經，還是指禮樂射御書數，大抵是上層建築領域的內容，除射御稍涉體力勞動外，基本沒有體力勞動的科目。

　　子路認為丈人避世躬耕不問政事是不對的，是「欲潔其身，而亂大倫。」這也表達了孔子重從政的認識，因治平之業是大事，其重要性顯然高於務農勞作，這是另一種腦力勞動，腦力勞動較之體力勞動要複雜，高級，這也是社會分工後通常的共識。這正如當今幹部進黨校學習政治理論，而不是去工廠或技校學習做工的技藝。因此不能說腦力勞動就不是勞動。子路問政，子曰：「先之勞之。」請益，曰：「無倦」意思是從政，要自己先代頭，要勤勞且無倦，而孔孟一生均是為之操勞不已，誨人不倦，能說這不是勞動麼？可知孔孟並沒有鄙視勞動和體力勞動者的意思，只是認為從政的腦力勞動高於一般農業體力勞動而已。

　　孔孟關於大人之事，小人之事的說法，顯然有等級高下之別。大人是指高位掌權之王公大人，是施政者。孔子三畏之一即畏大人，此畏即敬畏，尊重。因為要推行禮治仁政，不能不惜助大人的權威，但借助並不等於屈從，否則孟子不會有「說大人則藐之」之

論。在原儒看來，君臣關係不過是朋友關係，對國君尚可合則留，不合則去，對王公大人，至多也不過是要求相互敬重吧，何必畏懼巴結呢？況孔孟對巧言令色，瞞上欺下的拍馬之徒，分明是不屑且嚴斥的。孔子提倡「以道事君」，以巧言令色足恭為恥。孟子認為「以順為正者，妾婦之道也」。對昏暴之君尤為憎惡；「在彼者，皆我所不為也；在我者，皆古之制也，吾何畏彼哉？」這種態度均內在地含有人權平等、個性自尊的要求。但這一要求在當時小土地私有制下的宗法社會裏，因等級制是客觀必然的存在，故而不可能真正的實現，孔孟以個別人之力也無法改變等級制的現實，也就不能不遷就王公大人的權威：畏大人。這是一種歷史的無奈。但孔孟視體力勞動為小人之事，以禮樂教化以及從政為高層次的事務，在今天看來顯然是不正確的。這種腦體差別也是未來社會要消除的目標，只是當前還不具備必要的條件，還不能完全實現這一目標。今且未能，何況先秦之孔孟，故不應苛求於古人。

　　不過，平心而論，孔孟所處下層士人地位，企圖仰仗大人權威行仁政，就事先把自身置於被動地位，而仁政畢竟不是王公大人願意實行的。這種階級地位的懸殊大大限制了儒家有所作為的空間，孔孟之碰壁，儒家之附庸就有很大的必然性，極易使其被權貴利用來為統治者服務。

8.孝為人本

　　原儒在行政禮治的主張上，提倡百行孝為先；「孝弟也者，其為仁之本與！」「堯舜之道，孝弟而已矣」。其楷模是大舜。孟子說舜盡事親之道，使其父愉悅而感化天下，是為大孝。傳說大舜失愛

於父母，其父母與其弟曾設計要害死他，但他仍然孝敬父母，親愛弟弟。孟子推論說，即便舜父犯了罪，舜也決不會讓他受法律懲罰，而是會背著他逃跑隱藏，甚至不惜放棄天子之位。孟子說「父子責善，賊恩大矣。」就是父子間不可互相指責，倘若互責則「不祥莫大焉。」就是父子責善會使彼此離心，破壞親情，導致家庭矛盾，社會混亂。這道理本不錯。親情由血緣註定，家庭乃社會細胞。家庭倘矛盾糾紛重重，必然影響社會安定，在先秦宗法社會中尤其如此。父子責善尚不可，何況不孝乎？故孔子曰：「其為人也孝弟，而好犯上者，鮮矣。」故傳統認為忠臣出孝子之門。在家孝者，多為奉公守法之人（但並非絕對如此）。歷代帝王由此齊倡「以孝治天下」，其死後諡號往往加一孝子如孝文帝、孝武帝之類。這不過是帝王自我粉飾之詞，目的無非是招納忠臣，鞏固專制而已，與孔孟本意相差遠矣。

孔孟倡孝弟，言父慈子孝，兄友弟躬。但往往偏重於要求晚輩之孝，論孝之語大大多於論慈友。這是為什麼呢？拙以為父之慈本出於天性，往往不教而後能，不須勸勉父亦多慈。而子之孝則未必出於天性，必加勸勉教育，後天培養，否則就可能不孝。對此，人們從自身經驗即可證之。所以，要偏重孝道教育，從小勸導之。但孔孟沒有講孝道絕對化，父有過，子有義務勸其改正，孔子曰：「事父母幾諫。見志不從，又敬不違，勞而不怨。」意謂在恰當的時機規勸父親，不可不分場合和時間去強諫指責。《孝經》中又說「父有爭子，則身不限於不義。」爭子就是善於批評父親使之改過的兒子，可見儒門重孝卻並沒有一味責孝，將孝道絕對化。

孔孟對孝道還有不少具體論述，應當客觀評價。如「三年無改於其父之道，可謂孝矣。」批孔者認為這是盲從父道，又何必三年？

殊不知，三年者即常年、多年之謂，非只限定三年。而無改者指父之「道」，即父有道，子勿改；倘父無道，當然應改之。這裏強調的是道，不是非道。

又如「不孝有三，無後為大。」是強調生命傳承，父輩之業應有繼承者，這屬於人情之常。人命之重如天，故無後為不孝之大，現代人似乎也沒有希望無後者。在宗法制下，家庭之維繫發展的前提是後代之傳承，尤其是私有財產，希望子孫好好繼承積累，以保障生活與生產，亦為常態，不足怪。今人固不必執著於此，但似亦不能廢之。這裏孔孟尚沒有生產資料公有私有的辨析，這是時代的局限，不必苛求。

孔子論孝，要求「事父母，幾諫。」指出其要點在「色難。」何謂色難？色即容色，臉色，表情，意謂難在有和顏悅色的態度。人總有厭倦、厭煩之時，能始終表現出和顏悅色的態度，實行孝道，那確乎很難。那麼，這裏色難是指父母難，還是兒女難？古人對此解釋不一。《荀子‧子道》舉例子路問孔子；有人勤苦勞作養其親，卻無孝之名，這是為什麼？孔子說推想他可能是「所友非人」吧。意謂其不孝之名由於沒有仁者為友，為之傳孝之名，是友之過也。其人倘勤苦勞作養其親是應該稱為孝的。那麼何以又有不孝之名呢？是不是因為他「身不敬與？辭不遜與？色不順與？」意謂是不是他對父母不夠恭敬、不夠謙遜、表情不夠和順呢？這裏「色不順與」指兒女的態度、表情，與孔子所言之色難義近，可知色難是指兒女對父母之容色，即兒女保持始終的和順愉悅態度，是很難的，因為這要有極大的耐心才行。

又如孔孟要求行孝，有父死「守孝三年」之制。這種三年的規定，是由於「子生三年，然後免於父母之懷。夫三年之喪，天下之

通喪也。予（指弟子宰予）也有三年之愛於其父母乎？」這是對宰予欲行兩年之喪的批評。關於守喪之制，古人訂為通例，孔子無非遵從不改，而非個人創議，這是孔子崇禮的表現。事實上古代守喪，一般是兩年多，沒有非三年不可。對喪禮的規定也是隨著時代有所變動的，可以「小大由之」，古人也應時而有損益，孔子也說「喪致乎哀而止。」原則上是表達哀痛而已，所以不必死守喪禮古制。但宰予卻在這些細節上求省事，孔子認為大可不必。今人之行喪禮固應適應新的時代要求，以「致乎哀而止」的原則行事，應當說是不錯的。

對孝道的要求孔子稱讚閔子騫，「人不間於其父母昆弟之言。」稱孟莊子「不改父之臣，與父之政」為難能。又有對父母「無違」的倡導，有「父母在，不遠遊」的告誡，等等，均應領會其精神，有與時俱進的調節，不可固執教條，死搬硬套，應擇其善者而從之。但從孔孟所說，看不出他們有堅持「愚孝」的要求。後世「二十四孝」中有「彩衣娛親」、「王祥臥冰」、「割股療親」等錯誤倡導，是後人的添加，不足為訓，帳不能算到孔孟頭上。至於繁瑣的喪禮之制，肯定有必要的改革，而實際上已改者頗多，君子擇焉。

9.直面人生

以歷史的觀點看待原儒，是是非非，庶可明辨。

原儒學說，是直面人生的學說，追求真理（道），反對迷信鬼神，不屬宗教範疇。但是有學者認為儒家是宗教，古有名教、儒教之稱。實際上此「教」字，實為教化之意。孔子言，祭如在，祭神如神在。詳其「如」字，實為假設之詞。孔子又言，「敬鬼神而遠

之，可謂知矣。」「子不語怪、力、亂、神。」「未能事人，焉能事鬼？」「未知生，焉知死？」重人事而輕鬼神。這與崇拜全知全能的上帝，追求彼岸世界，嚮往天堂或是極樂世界及敬畏鬼神的諸宗教，區而別之。認為儒家是宗教者，亦只認為漢以後的儒家是宗教，是後人神道設教，以愚百姓之說，本非原儒真諦。原儒敬畏祖先，罕言天道，但順從命，皆是從繼承先人功德，重視客觀現實要求立論，有直面人生，實事求是的務實精神，源於農業文明的生存條件。但後來統治者以天命所在自居以欺蒙民眾，故提倡鬼神崇拜，使儒家宗教化，導致原儒也染上宗教神秘色彩。不過，原儒並沒有徹底否定天道鬼神、上帝，而是對之抱存而不論的態度。這也是小生產條件下科技不發達的歷史局限使然。

　　直面人生，最重要的是追求治世，講求治道。在這一點上，原儒主張積極入世，鼓勵君子從政。在學與仕的關係上，孔子說：「學而優則仕，仕而優則學。」認為學與仕是雙向互補關係，並沒有以從政做官為唯一目的。孔子又說：「邦無道，穀，恥也。」即在無道之邦去做官貪求祿米是可恥的。可見，認為做官也是有條件的，要看現實政治狀況而定。批孔者指責「學而優則仕」是讀書做官論，是片面的看法，並非原儒本意。況這裏的學，不是單指讀書。孔孟之學有六藝，是對君子儒的培養，其中最主要的是學做人，做道德高尚的人。這樣的人才有資格做官，才對社會有益，故曰「學也，祿在其中矣。」學做人是前提，而不是把祿看作第一位。如果反對學優而仕，是否就該學不優而仕呢？如學不優，道德敗壞的人去做官，其惡果不堪設想。孔子說：「古之學者為己。」正是倡導像古人那樣以學為提倡道德修養素質之手段，而不是為別人做工具，所謂「君子不器」意亦在此。孔孟都提倡精英政治，重在培育英才以

求治國平天下。今日實施公民政治，權為民所用，固與精英政治不同。但為官者首重道德修養的原則並不錯。倘為官者人格卑下，貪腐氾濫，則國將不國，禍莫大焉。今之為官者慎之慎之！

最受嚴責的是孔子有「惟女子與小人難養」之語，被認為是歧視婦女。魯迅就此批孔說，不知女子是不是包括夫子的母親。用語刻薄，不宜從信。朱熹說，這裏的女子指女僕，較近情理。也有說女子是「汝子」即你們這些人的意思，不是指婦女。可備一說。孔子一向主張孝敬父母，怎麼能說對母親也歧視呢？孔子又說過，文王有亂臣（亂同治）十人，其實是九人，另一個是婦女。也有人說這是歧視婦女。孔子說的這位婦女是指文王夫人邑姜，邑姜是文王內眷，不是大臣，故說亂臣只九人，如此而已。無關乎婦女問題。在《大戴禮》中有關婦女有「七出」之條，是後世針對婦女惡德而言，其中有過於苛刻的教條如「無子」、「妒」、「多言」等，實不足為訓，但同時也有「三不出」的規定，猶存夫妻敬愛之道。倘見前不見後，看法就片面了。平心而論，孔孟對婦女問題並未重視，卻還不至於歧視。這是宗法社會男權制的反映。至於說女子小人難養，其中恐怕亦有可議，小人卑劣與君子難以相處，道不同不相為謀，確實如此。婦人難養，當是說男女心理有不同，男子偏重理性，女子偏重感性，難免處事有矛盾，這也是常見的。但將此心理差異作絕對的理解，就錯了。孔子豈不言乎：「君子中庸，小人反中庸。」堅持中道，不易。筆者前有所論，真正歧視婦女的觀念來自法家，後世儒家受其影響立為三綱教條，不應歸罪於原儒。即使《大戴禮》有「七出」之條，亦漢儒的看法，是不是原儒所定，尚可存疑。

還有就是批評孔孟愚民，出於孔子有「民可使由之，不可使知之」之語。對此需要辨析。孔子誨人不倦，有教無類，弟子三千「自

行束修以上，未嘗無誨。」孟子以培養英才為人生之樂，認為王天下不與，孔孟均是偉大的教育家，其教育思想至今嘉惠後人，又都是在先秦官學下移民間的開拓者，意在開啟民智。倘說孔孟愚民，那是很不公平的。孔子說「民可使由之，不可使知之。」歷來另有兩種標點法：「民可，使由之；不可，使知之。」「民可使，由之；不可使，知之。」這樣斷句，意思完全與前句相反了。孔孟均有「使民以時」之語，拙以為「民可使，不可使」的斷句是對的。孟子還說「得志與民由之」，「終身由之而不知其道者，眾也。」可知「由之」與「知之」並列，是可以獨立使用的，是指遵循道，理解道。所謂終身由之而不知其道，這個道確實是眾人難知的。道是孔子一生的追求，他尚不敢自信能知，何況常人，何況下層百姓終身勞碌不能知，也不暇知。試問今天所用諸器物如電腦，人雖能用而能盡知其原理否？日用如此，從政治國亦如此。要認識道，必得受高等教育，瞭解形而上學理論的意義。未來社會或許可以普及高教，求之於古人，就是一種苛求。是故，由之知之一語不能構成原儒主張愚民的罪案。

10.中庸變通

　　「中庸」為儒門稱道的至德，《論語》中僅一見：「子曰：中庸之為德也，甚矣乎！民鮮久矣。」《中庸》中，明言「子曰」的「中庸」共六見。這七見中，孔子均未就其內涵作具體闡述。後儒就此多所發揮；近現代學者對此亦很重視，然論述不一，或以為符合辯證法，或以為是形而上學。近年胡念耕先生有〈孔子「中庸」新解〉（見《社會科學戰線》1997 年 2 期）一文，綜諸說、考字義，有

新解，認為孔子推崇的「中庸」，其真實含義為「遵循周禮準則奉勞不已。」從孔子的道德理論學說意義上看，此說頗為合理。然就哲學意義上，特別是從方法論意義上看，孔子講「中庸」似有更深的內涵。茲試論之。

「中庸」之「中」，在金文中的意義，郭沫若說有「中心」、「圓心」之意，作為動詞有「命中」之意（見《金文詁林》卷一 328 頁引）。這是很對的。按《說文》及王筠、唐蘭、王國維等諸說（見胡念耕文所引）皆有合於郭說處，二程說「不偏之謂中」亦然。朱熹言「中只有個恰好道理」，尤其有理。至今河南方言稱對、稱好、表贊同，亦說「中！」正是此意。

「中庸」之「庸」，《說文》云：「庸，用也，從用，從庚。庚，更事也。」庚為更事，即改事；更者，改也。庚又有續義，賡從庚，賡續即繼續（胡念耕文亦有詳論）。墉字從庸，墉即古代城市四門外之伸延的建築，金文由此形象的文字，故庸有延伸、繼續之義。庸，用古義通，但孔子此處專用「庸」，當是強調其連續不斷之用的意蘊，不是指一般的偶然之用。是庸為既改變又繼承，是不斷發展之義。抽象而言，這是一個運動過程，是事物變動的正常、恒久狀態。故二程說「不易之謂庸」，「庸者，天下之定理」，朱嘉說「庸是常然之理，萬古萬世不可變易底」，皆有合理性。至今老百姓講「平庸」、「凡庸」、「庸常」均含「習常」之義。胡念耕稱「奉勞不已」，合「用（功用、事功）」與「恒常」之義而言是對的。孔子尊周禮，以周禮為標準、為中；故中庸即「遵循周禮準則奉勞不已。」

對「中庸」更進一步的解釋，要注意「庸」即用的連續性：用之不已。不已即不斷，是不斷地、經常地、持久地運動。這就某一具體事物的運動而言，是指其完整的發展過程，這個過程。是既有

改變又有繼承的「螺旋式」上升，是否定之否定。遵循這個規律去把握事物的發展趨勢，既有克服，又有保留，避免了絕對化、片面性。這當然是最好的，即朱熹所言「只是個恰好道理」，即今百姓所言「正好」是也。這個「正好」是什麼意思呢？當然不是走極端，孔子是反對走極端的，他提倡：「無過無不及」、「攻乎異端」即此意。但也不是搞折中主義、一味調和。孔子痛斥「鄉愿，德之賊也」。主張「和而不同」、「周而不比」、「貞而不諒」，不是無是非、無原則。綜合言之，即既不走極端，又不搞折中主義，不取「中間路線」，而是以原則為主導兼顧對立面的意思。孔子言求知：「有鄙夫問於我，空空如也，我叩其兩端而竭焉。」即我本來什麼也不知道，但從問者之問題的兩端去叩問才知道其究竟的。這意味著，雖不固執於兩極端，但要瞭解其兩端，兼顧兩端，是所謂「執兩用中」。孔子所謂「毋意，毋必，毋固，毋我」亦此意。

　　為什麼又是不搞折中主義，不取中間路線呢？因為孔子主張「和而不同」，取中間，即把事物平分為二，彼此等同，也是一種極端。正如孟子所言「執中無權，猶執一也；所惡執一者，為其賊道也，舉一而廢百也。」（《孟子‧盡心》）而孔子所取得是「和」：「和為貴」，不是「同」。《左傳‧昭公二十年》晏子論和與同有異，主張可和不可同；《國語‧鄭語》史伯言「夫和實生物，同則不繼。」與孔子的觀點相一致。可見，和是一種融合、化合，即對立面的統一：正─反─合，這是一個動態的過程。如果搞折中主義，對立的雙方等同了，就是無差別境界，是靜止的，事物就不能發展了，那就意味著毀滅。《中庸》曰：「君子而時中」，即應時變而取中，非執一不變，《河南二程遺書》卷一〈明道語〉論「不可捉一個中來為『中』。」《朱文公集》卷五八〈答宋深之〉分辨「中之活者」與

「中之死者」，均含有用中而有權變的思想，符合中庸之真義（參錢鍾書《管錐篇・左傳成公十五年・論「達節」即「權」》一節）。正如孟子所言「子莫執中，執中為近之。執中無權，猶執一也。所惡執一者，為其賊道也，舉一廢百也。」（《孟子・盡心》）所以，「中庸」之中，不是「折中主義」之中（即同），而是和，這才是「正好」、「恰到好處」，說穿了，是說在運動中把握平衡，是不平衡的平衡，即堅持原則，但不死守原則，要兼顧對立面。這正如老子講的「治大國若烹小鮮」。烹魚時，既不能生（極端），又不能太熟乃至烤焦（極端），也不是半生不熟（也是一種極端），而是以熟為主有一點點生（即中庸）。這樣烹好的魚，味道最鮮美，營養最豐富。這種高超的烹調技藝是從不斷地把握兩端（生熟）的烹調訓練中精通的，這就是烹調術中的中庸之道。

我們知道，孔子尊崇周禮，講仁政禮治，「克己復禮為仁」，以周禮為基本原則，這是不能隨意動搖的。但他並不死守周禮，是「聖之時者也」，並不死搬教條，認為禮應有所「損益」，如他在曆法上就主張「行夏之時」；他雖堅持臣見君要行「拜下」之禮。但對「麻冕」之禮卻主張變通「從眾」（《論語・子罕》）；在談到古今逸民時，他舉伯夷、叔齊，稱二人「不降其志，不辱其身」，又舉柳下惠、少連「降志辱身矣，言中倫，行中慮」，還舉戍仲、夷逸「隱居放言，身中清，廢中權」，對他們不同程度地堅持某一固定原則表示敬重之意，而自己卻說：「我則異於是，無可無不可，」（《論語・微子》）因為諸人所行不礙周禮大原則，「小德出入可也。」這些都說明孔子講「中庸」有因時而變、因地制宜的思想，也就是對周禮的大原則要繼承，在堅持這一原則的前提下，可以根據現實情況有若干變通，通過適當的變通實行周禮的大原則。這在方法論上有積

極辯證法的合理成分。可見,「中庸之道」正是像老子講「烹小鮮」那樣的高超技藝,所以掌握起來難度大,特別是在春秋「禮崩樂壞」、矛盾普遍激化的時代條件下,尤其困難,故他說「民鮮久矣」。

也正因為難度極大,孔子對他進行的社會改良方案採取積極的鍥而不捨的態度,「知其不可而為之。」這種「執兩用中」之道即中庸之道,在方法論上的妙處,正如數學上講的「黃金分割律」(0.618。不是 1/2,更不是 0 或 1),具有在運動中把握事物矛盾轉化、發展之最優方案的意義。「黃金分割律」在古希臘直至近代都有人認為其比例是最優最美的,孔子的「中庸」隱含有此種性質,孔子的這種認識是十分可貴的,只不過來自一種深刻的經驗性體認,而沒有上升為理性認識,未能以科學語言清晰地表述而已。以今觀古,孔子的失誤主要不在方法論上,而在其政治倫理思想的基本原則即周禮上。周禮的本質是等級制社會關係,與今天的民主制不相容。這是孔子無法超越的時代局限。

11.權變之道

錢鍾書先生論曰:「權」乃吾國古倫理學中一要義,今世考論者似未拈出。並云,所謂「權」,即今語所謂「堅持原則而靈活應用」也。《管錐篇》第一冊有專節舉古人諸家之說,可參看。按,錢先生此論有關中國思想史至巨,洵屬卓見。我以為,權的概念不特為古倫理學要義,且是中國古代辯證思想之精華,是中國古代哲學方法論之最高原則。黑格爾為近代德國辯證法大師,惜乎知中國有關文獻淺少,未能探驪得珠,否則將不至於鄙薄中國古代哲學。所謂權即堅持原則而靈活應用,正是列寧所稱「具體問題具體分析」

這一辯證法精髓，實為中國古代辯證法最有價值的思想成果，今日理應繼承。茲就孔子的主張略論之。

按《論語·子罕》載子曰：「可與共學，未可與適道；可與適道，未可與立；可與立，未可與權。」可見孔子認為，共學、適道、立、權，一級難於一級，權為最難。孔子一生好學，至不知老之將至，可謂難能可貴。孔子又曰：「朝聞道，夕死可矣。」「君子憂道不憂貧。」聞道勝於生命，何況適道，豈不難哉！孔子所謂立，即道之本，故曰：「本立而道生。」這個本亦即禮，孔子所謂「興於詩，立於禮，成於樂。」「不知禮，無以立也。」禮的本質即仁：「克己復禮為仁」，「人而不仁，如禮何。」舍仁而言禮，禮就成為虛文，這是孔子反對的。

仁與禮又是內容與形式的統一，這種統一是孔子一生奮鬥的目標，這是難於達到的。孔子稱「如有王者，必世而後仁。」王者治天下，三十年才能實現仁，這當然很難。所以孔子不肯以仁與箝輕許於人，他認為顏淵和自己也做不到，顏淵修身只做到「其心三月不違仁」，孔子自稱「若聖與仁，則吾豈敢？」按，孔子講仁、禮還有兩個層次，就個人而言是指有仁心，做仁人，知禮儀，遵禮制；就治國平天下而言，則是實行仁政禮治。個人修身猶且難，施之於天下豈不更難，故孔子曰：「何事於仁？必也聖乎？堯舜其猶病諸！夫仁者，己欲立而立人，已欲達而達人。能近取譬，可謂仁之方已。」這裏立與達，就是同別人一道行仁政禮治，這是聖人才能做到的。孔子一生為之奮鬥，但覺沒有做到，故他不敢自居。孔子心目中對堯舜禹文王武王之所以崇拜，就是因為堯舜禹與文武能行仁政禮治。他所謂「殷有三仁」，只是許可三位仁人，而非指高層次的仁

政禮治；對管仲，他只稱其行仁政，而不及禮治（曾說管仲不知禮），沒有達到二者的統一，頗有遺憾。

　　仁政禮治如此之難，這是孔子深知的，但他知難而進，知其不可而為之，體現出積極用世的精神。那麼，如何才能使其施之用世呢？曰「權」。就是認為仁政禮治是普遍原則，要現實化，即施之實際，必須使之具體化、特殊化，落到實處。這種具體化特殊化的途徑、方法就是權。上引孔子言「能近取譬，可謂仁之方已」，正是權的一種特殊形式。這就是說，孔子認為談大道理，認識仁政禮治的普遍原則已經很難，而實踐起來更難。權是實踐之道，是具體方法，故而權比立層次更高，難度最大，是實行仁政禮治在方法論上的最高原則。為了實現仁政禮治，孔子處處注意運用權道。《論語》中涉及仁字達 109 次，專論仁之涵義有「愛人」、「克已復禮」、「忠恕」、「已欲立而立人，已欲達而達人」、「孝悌，仁之本與」、「先難後獲」等等，處處不同；專論禮者亦然，所謂因材施教，因人而異，都是仁政禮治的具體化和特殊形態；再如子路問：「聞斯行諸」？子曰：「有父兄在，為之何聞斯行之？」而答冉有卻曰：「聞斯行之。」公西華對此不解，孔子道：「求也退，故進之；由也兼人，故退之」。對象資質不同，故回答不同，典型地說明了孔子施教的權道。又如孔子評價了七位先賢逸民伯夷等人的品行，認為「虞仲、夷逸隱居放言，身中清，廢中權。我則異於是，無可無不可。」主張的「無可無不可」正是權，可見孔子不是教條主義者，而是辯證論者。

　　這裏應當指出，孔子所謂權道正是他最讚揚的中道、中庸之道、中行之道。中庸是至德，而至德只有像文王、泰伯那樣的人才具有，極難，而權道正是極難的方法，二者是一致的。孔子讚揚「三分天下有其二，以服事殷。周之德，其可謂至德也已矣。」文王統

治了天下三分之二的疆域，有力量滅殷，但時機不成熟；仍是殷臣，故服事殷，所謂「臣事君以禮」者，合於禮治，不能叛殷。這是權宜之計，待機而動，故既屬中庸至德，亦合權道。秦伯三讓天下於季曆，遵父命，合於禮，季曆與其子姬昌（文王）有聖德，泰伯讓位亦有仁德。但他又偕仲雍出走勾吳，另打天下，顧及自身之保全，這也既是中庸至德，又合權道。文王、泰伯之中庸皆識時務而動，故俱是「時中」，其知己知彼且遵禮，是「執兩」而「用中」；皆退讓有待時變，故此用中又為權。可見權即時中，倘有分別，中庸則由至德之本體言之；時中、權道，則由至德實施之方法言之。中庸本含有適時應變而用中之要求，適時之中即時中，即權，故二者實質上為一事（參上文）。因中庸或權屬於最高層次的範疇，故孔子均罕言之，非不欲論也，蓋人鮮及之，亦難言之也。前人釋權有偏頗者，以中庸為常道，以權為反常道，如皇侃釋「未可與權」：「權者，反常而合於道。」誤矣。因為言反常，往往流於後世法家、縱橫家所言之權術、陰謀，其弊甚大，故本文稱「權道」以別之。但皇侃所引王弼曰：「權者道之變（注意，變非反——筆者）：變無常體，神而明之，存乎其人，不可豫設，尤至難者也。」卻十分正確。因為「道之變」正是常道，不變的事物是沒有的。權，是應時而變，非常道而何？蓋以道之普遍性而言，係不變之道；以道之特殊性而言，恰係變化之道。不變中有變，變中有不變，二者統一。善於把握者即為時中（中庸），即為權，是所謂堅持原則而靈活應用也。孔子推崇的正是這一點，而後人又稱孔子為「聖之時者」，不亦宜乎。

12.止於至善

　　《大學》一篇乃四書之一，與《中庸》一篇，皆從《禮記》中摘出，簡稱學庸。《禮記》之書今傳為戴聖所傳，即《小戴禮記》。或說是戴勝刪大戴（戴德）之書即《大戴禮記》而成。學界考證《禮記》作者不詳，或說孔子弟子作，或說周秦間人作，或說漢人作。但《禮記》一書很重要，梁啟超說：「欲知儒家根本思想及其蛻變之跡，則除《論語》、《孟子》、《荀子》外，最要者實為兩戴論。而《禮記》方面較多，故是供研究資料者亦較廣。」《大學》出自《禮記》，並由朱熹將其與《中庸》，合論孟而為四書，為之作集注，成為元代以來科舉考試的必讀書，考題皆出自四書，影響士人千餘年。其於傳統主流意識之重要性，可以推知。有學者認為，孔子設教，唯重力行，不涉及於高明精晰之論。戰國思想界活躍，多闡哲理，儒家受其影響，也從事哲理研討，孟荀論性、論名實即此反映，而學庸之書也很能表現這種趨勢。這說明學庸二書，是儒家闡述哲理的著作。

　　「大學之道，在明明德，在親民，在止於至善。」這是《大學》開篇之語，朱子認為這便是《大學》的綱領。朱子說，大學之書是「古以大學所以教人之法。」他解釋說，自三代以來，人生八歲皆入小學，教以灑掃、應對、進退之節，禮樂、射御、書數之文。到十五歲，自天子諸子與大夫士之嫡子（正妻之子）與俊秀之民皆入大學，而教以窮理、正心、修己、治人之道，即當官從政，管理天下之道。這意味著是貴族子弟與秀民在大學接受高等教育，準備做統治階層的接班人。

　　但程子這位朱子的私淑老師卻說：「《大學》，孔氏之遺書，而初學入德之門也。」那麼，此謂初學，是否如朱子所言系十五歲的青年所學？就難以確指。朱子為《大學》作序說大學教以窮理云云，這個「理」字是宋明理學家始終講求的概念，理學就是靠它來立門戶的。但傅山提出質疑，認為在先秦典籍中理字只有治玉之義，先秦尊道而不言尊理，那麼朱子講窮理，在先秦便無依據。通觀《大學》確有正心、修己、治人的重點論述，《大學》全文不到兩千字卻根本沒有窮理的說法。作為理學家的朱子，一開始就把《大學》定性於窮理之書，是不合實際的。宋明理學亦即學術史上的新儒學動不動就宣揚理字，所謂「存天理，滅人欲」，其本意或是以天理制約人欲，主要是制約統治者的人欲，勞苦大眾的人欲早就讓專制統治壓抑到最低限度了，倘若再滅人欲，大眾就無法存活了，還滅個什麼人欲！但要求統治者滅人欲，至少限制一下人欲，也還是有進步意義的。然而不然，後來的理學家一味抽象地講滅人欲，實質上是要求被統治者滅人欲，而且大談心性理氣之辨，弄得玄而又玄，乃至出現了以理殺人的殘忍地步。故而理學發展到明代，出現了一批「平明袖手談心性，臨難一死報君王」的愚忠之臣，學術空疏，道貌岸然，無補於國計民生，直接導致明朝覆亡。清初有識之士，鑒於理學氾濫的流弊，便有顧炎武為代表等先知先覺者，提倡漢學（或曰實學），專重考據求實，以糾正宋明理學的偏失。這是古代學術史上一大轉折。清初出現的實學考據發展到後來，由於大興文字獄的文化專制，結果出現了埋頭古書，穿鑿字句，碎義逃難的餖飣之學、紙片經學，直到清末又有今文學派的康有為等批評糾偏，弄出一套中體西用的變法理論，紛紜至今。這也是古代學術史

上的又一次轉折。這是朱夫子序《大學》拈出「窮理」一詞的歷史後果，想必是他始料未及吧。

　　《大學》未必講窮理，但專論修齊治平之道是確實的。這個修齊治平，首先是修身，涵養道德。修身之前的步驟還有正心、誠意二目，正心、誠意之前又有格物、致知二目。格物，怎麼個格法？致知，知了些什麼？後世學者多有解釋，不一而足。按朱子的說法，格，至也；物，猶事也。致，推極也；知，猶知也。就依此釋，即至事、推知之意，人們還是不明究竟。宋人某按此解釋，站在竹子前面以求格物致知，就這樣「格」了兩三天，弄得腰酸腿困，疲勞不堪，結果什麼「知」也「格」不出來。實在是太囧了！儘管如此，格物畢竟意在先從客觀事物來求知，朱子這個出發點不能說錯。只不過在格致（後世物理學即譯為格致之學由此）方法上，朱子說不清。

　　但是，《大學》之最可貴的，在於講明明德，在親民，在止於至善。明德者，光明正大之德行，明明德即將明德表現出來也。親民，是革新之謂，親通新，使民眾道德面貌一新。這是筆者粗淺的解釋。按朱子的解釋，所謂「虛靈不昧」、「因其所發而遂明之」、「推己及人」云云，就又離題遠了。《大學》講新字，引湯之盤銘：「苟日新，又日新，日日新。」勸人日新其德。但郭沫若考證，此銘本文當作「兄辛，父辛，且（祖）辛。」意謂兄、父、祖三人皆死於辛日，《大學》完全誤讀此銘，以其編者不識古文字所致，這又是一樁公案，且存疑不論。拙以為，先曰明明德，後曰新民，終止於至善。這個至善即最善，好理解。但凡事誠能達到至善，大不易。在「真善美」三者中，儒家以善為目的和最高準則，也是中國文化的特色。《大學》稱：「自天子以至於庶人，壹是皆以修身為本」，

要求天子與庶人均要嚴加修身，最終目的在追求至善，這個願望和要求是非常合理的。只是天子之類的統治者能夠以修身為本，實施善政麼？歷史已證明，決不能！

13.尚書疑案

　　今古文之爭是經學研究中一大課題，而尤以《尚書》今古文之爭為典型。清初興起考據學，學者一致認定《今文尚書》是真的，無異詞。而《古文尚書》，經大學者閻若璩《古文尚書疏證》考訂，是偽的。此結論被學界認同至今，閻氏之作被梁啟超評為「近三百年學術解放之第一功臣。」江藩評閻氏為「清代漢學家第一」。（《國朝漢學師承記》）五四以來興起的「疑古」學派繼之遍疑群經，揭出大量古籍偽書，認為商代以前中國古史均不可靠。然而，疑古過甚，亦多疏誤。近人據考古出土新資料對之糾偏，提出「走出疑古」，揭起又一輪學術爭論熱潮。

　　閻氏之書的結論先以《古文尚書》乃東晉梅賾偽作，後又說係「魏晉之間假託者」。今人張岩有《審核古文尚書案》（中華・2006）專著，反駁閻氏，認為對《尚書》作偽太難，《古文尚書》無明顯作偽痕跡，此書不偽。在此之前，康有為曾有「東漢晚出之古文經傳，皆漢人劉歆所偽造」之說，經錢穆作《劉向歆父子年譜》，已證明康說荒謬。張岩之書悉從文本出發詳加考證，雖不比錢書精審，卻也頗具參考價值，值得認真對待。而以筆者對真偽兩造各自理由的比較，拙以為《古文尚書》基本不偽，但疑其偽的論證應引起重視，究竟為什麼《古文尚書》會引人質疑，其可疑處是如何產生的？

　　於是，就要問，倘《古文尚書》是偽書，那麼古人造此書動機何在？古代沒有版權制度，也不存在版稅收入問題。倘要出於傳播個人學術的目的，直接表明其人姓名豈不更好，何須假託前人？況《尚書》本無確實總撰之名，何必託名？古代確有造作偽書攻擊政敵之事，如唐代牛李黨爭中就有此類偽書出現，但《尚書》先秦列於學官，要求取利祿，則古時求官之途甚多，何苦費如許精力造作偽書，其付出成本豈不過高？更何況造一部偽書要造得相似於真書，實在大不易，即便是積學之士，能有那樣高的水平麼？張岩書中也指出「作為難度太高，高到不可能實現的程度。」真是的，作偽者何必出此下策！

　　質疑《古文尚書》的一個明顯理由是，《今文尚書》是西漢人伏生口傳記錄下來的，文詞艱澀難懂；而《古文尚書》據說是東晉梅賾獻出來的一種用先秦古文字寫的，其中 25 篇（另 33 篇與今文所同）反而文詞清通好懂。這就有點不正常。依常理推之，伏生所傳今文，雖用西漢字體記錄，但伏生背誦多是先秦原本字句，有艱澀處不足為怪。而今文好懂，安知不是後人按當時語文有所潤色加工，比如今之古籍今譯，使其化難為易變得好懂了，但文義並沒有改變。自然其中也有傳寫訛誤倒錯的可能，但其反映的文義史實當無大的出入。故，拙以為《古文尚書》基本不偽，卻也不排除其中有魏晉人寫錯誤傳、改動增補的情況。倘因此而指認《古文尚書》全偽如閻若璩所論，則未敢遽信。

　　比如「民之所欲，天必從之」一語，見於《尚書‧泰誓》，閻氏認為《泰誓》是偽作。但此語在《左傳》中被兩次引用，一見於「襄公三十一年」，一見於「昭西元年」。在《國語‧鄭語》中也被引用一次。《左傳》與《國語》決非偽書（《左傳》亦被疑為劉歆所

偽造，但已被錢穆專論駁倒），可見《泰誓》不偽，至少「民之所欲，天必從之」一語決不偽。那麼閻氏所攻《古文尚書》中此類情況是否有不少存在呢？值得專題研究。對《古文尚書》章太炎認為學界研習千年之久，不可廢。今人也有不少學者深入研討，力主其真。此書與《今文尚書》至少從漢代流傳至今，影響了兩千多年的中國思想學術，其價值之大，不言而喻，已經成為中國傳統文化的既成有機組成部分，為國學必讀書。所以，今天研習國學，本無須執著於《尚書》今古文之爭，即便《古文尚書》中有某些可疑之點，所謂習非成是，流傳有序，歷時長久。所以首先必須正視《古文尚書》在文化史上的既定價值，取精用宏。這好有一比，書聖王羲之的《蘭亭序》真本歷來不傳，所傳均後人摹寫之本，今人習王字沒有一個不用摹本的。難道見不到王羲之真本，摹本就不值得珍視嗎？

　　疑古過甚，造成的流弊是，凡古籍皆可疑，似乎中國人自古以來學術上造假成風，乃至於認定商代以前古史全系荒誕不經的編造。比如疑古派疑及屈原是否有其人。又疑老子出生於孔子之後，錢穆先生的大作《先秦諸子繫年》一向被學界公認為精品力作，但錢著亦有老子生於孔子之後的考論。可是，新出土的簡帛文獻證明此說不成立。另如《孔子家語》、《孔叢子》等書，以往亦定為偽書，而今新的研究成果均認為此二書不偽。二書中有可疑處，大抵是後人編改增補「層累」地造成的，並非作偽。因此凡古書有可疑，均應以多聞「闕疑」態度對待，應提倡繼續深入研究，積久或可釋疑，萬不可一有疑點便斥為偽書棄置不觀，因噎廢食，以一廢百。說穿了，疑古過甚，反映出若干學人對中國文化的不自信，這是西風東漸以來，國人中認為中國事事不如人，唯西方文化馬首是瞻的負面影響所致。

　　不過，平心而論，疑古派中多有嚴肅的學者，以謹嚴的科學方法尋找古籍中的疑點和矛盾，力圖做出合理說明。只是科學探討不可執著於科學主義，科學方法也有其應用範圍，一旦越界也會導致謬誤，特別在社會科學研究中必須多多注意之。

14.中國智慧

　　中國智慧是什麼？就哲理而言，筆者以為就是《周易》（其中以《易傳》表述得較為明晰）、《老子》所涵的辯證法，二者融會相參，可簡稱老易辯證法。這一辯證法與今天所倡之現代辯證邏輯頗多契合。

　　現代辯證邏輯來自對黑格爾辯證法的繼承與改造，所闡明的是自然界、人類社會和思維運動的普遍規律，老易辯證法也有如此這般的意義。這裏，不妨略作探析。

　　首先，在哲學的邏輯起點和循環問題上，辯證邏輯的起點是原始物質，即一種客觀存在（黑格爾講的是純存在，是理念抽象）。在辯證邏輯推演中，原始物質概念潛在地概括了無限的具體物，是精神現象賴以派生的先在實體，具有最大的普遍性。物質概念作為最高抽象，具有最豐富的內容，但在邏輯起點上不特指它派生出來的任何具體物，無法限定。在此意義上，它又是「無」，是有與無的統一體。

　　《老子》哲學裏，包括萬有總和的概念是「道」，道是萬物之母。道是恍恍惚惚的東西，是萬物之始：「道生一，一生二，二生三，三生萬物。」道無法指稱，「未知其名」，也是無法限定的，相

當於無。這個無不是什麼也沒有，《老子》說其中有象、有物、有精，但還不是具體的某種東西。

在《易傳》中最大的概念是「易」，「夫易，開物成務，冒天下之道，如斯而已者也。」易就是道，概括、籠罩、涵蓋天下萬事萬物：「與天地準」、「周乎萬物而道濟天下」，易之道貫通了天下萬物。又云「有天道焉，有人道焉，有地道焉。」「有天地，然後有萬物；有萬物，然後有男女。」可見，易之道是天地人三者的共名，是萬物之統稱。易道神奇：「能成天下之務，神也。」「鹹用之謂之神。」它支配一切，有普遍作用。但「神無方而易無體」，「陰陽不測之謂神。」可見易道無體可察，無法以感官具體把握，不可名狀，所謂「形而上者謂之道。」這與《老子》所論相一致。用唯物辯證法的科學理解，這應該就是指原始的混沌狀態的物質，只不過老易哲學沒有用這個概念而已。

原始物質由其內部的矛盾運動產生萬物，這是一個有序的自然演化進程。具體言，先有無機物，而後派生有機物、生物，再派生出思維者（人）。人與物相互作用（勞動實踐）產生人化世界而有人類社會之文明進化。人化世界與自然物便構成今天的宇宙萬物現實形態。《老子》的邏輯程式簡化表述是道生一，一生二，二生三，三生萬物。《易傳》則認為是「易有太極，太極生兩儀，兩儀生四象，四象生八卦……」「八卦而小成，引而申之，觸類而長之，天下之能事畢矣。」這裏，太極也是一，兩儀是二，四象之後即萬物，亦即三。三者多也，萬物也。二者一致。後人在太極之前加一無極，無非是強調太極也是不可名狀的無而已。老易哲學與辯證邏輯演進層次上，都是一個意思。真理最終只有一個，古今表述不同，實質一樣，只不過老易哲學的表述粗略，而辯證邏輯的表述是經得起科

學驗證的,更較精准。總之,以上邏輯推演符合事物由一般到特殊,再到個別的發展過程,借《易傳》之語即形而上到形而下,反映了宇宙萬物產生發展的普遍路徑。

需要指出,所謂邏輯起點是為邏輯應用而設置的,不如此,便不能運用邏輯工具來把握客觀規律。實際上,現實世界並不存在那種所謂邏輯起點,有的只是林林種種的萬物,而任何萬物的存在都是有客觀條件的,是相對的存在,不是唯一的絕對。宇宙本無所謂起點和終點,原始的東西不可能無條件地由簡單發展到複雜形態。在《老子》中卻將類似存在的道看成「先天地生」的萬物之母,「天下之物生於有,有生於無。」道成了無條件的絕對,如同黑格爾講的絕對理念。在這裏,《老子》陷入了神秘主義,不足取。《周易》也有同樣的問題。

在唯物辯證法的邏輯推演中,事物的發展呈現螺旋式循環運動,後一週期高於前一週期,是無限的進展,只在一個週期內才有明顯的正反合形式,這是客觀物質運動過程重複性與前進性的統一。《老子》注意到了這種循環往復的性質,認為「反者,道之動」,「夫物芸芸,各歸於其根。」《易傳》同樣認為,道「周流六虛」,「原始返終」,「天下同歸而殊途。」「往來不窮謂之道。」尤為可貴的是,老易均強調「變」與「轉化」,即每一輪循環並非機械性重複,而是在回歸中有所進步和創新,《老子》云:「道生之,德言之,物形之,而器成之」,一個「生」,便突出了創新的性質,《易傳》則明白地講「日新之謂盛德。」「天地之大德曰生。」「生生之謂易。」皆反映了物是不斷更新的螺旋式發展,同樣說明其重複性與前進性的統一。

如果講老易之不足,《老子》講無有循環,在某一具體事物的產生與滅亡循環,是對的。這是指一定條件下,事物從一種形態向另一形態轉化,所謂無只是有相對的意義。如將之理解為從來就是無,那就錯了。因為宇宙從來就存在,是有。《周易》對此也沒有明確的辨析。這是由老易產生時代的生產科技不發達所致,無足為怪。

至於辯證邏輯體現的三大規律:對立統一、質量互變、否定之否定。歷來研究老易者多有論析和印證,無須筆者贅言。所須留意者,老易哲學最可貴的在於其所有認識均來自對自然與社會客觀事物的考察,由特殊上升到普遍,而不是僅借助於冥思玄想,《老子》謂玄覽,《易傳》言仰觀俯察,是故知幽明之故,反映了中國先民注重實踐的精神,這一點卻大大超越了黑格爾,而與現代辯證思想有本質上的一致性。

15.荀子偏鋒

研討先秦思想史,發現像韓非、李斯這樣主苛法施政虐民的思想家,竟然是號稱先秦學術集大成者荀子的學生。韓李固然主要繼承商鞅的法家思想,但他們難道沒有受其師「大儒」荀子的一點影響麼?這就有必要研討一下荀子學術的本質內涵。

譚嗣同說,中國兩千年來政治是秦政,兩千年來的學術是荀學。可見,荀學與暴秦頗有關係。

荀子號為大儒,卻又與暴秦相聯繫,荀子還能算純儒麼?

荀子學術以「隆禮重法」為特徵。隆禮,為儒學主張;重法,是法家要旨。儒法能捏合到一起麼?仔細閱讀《荀子》,可發現荀子實則偏於重法,是隆禮服務於重法。這就違背了原儒精神,走了

偏鋒。原儒主人性善，荀子主人性惡，在人性論上兩家必然相背反。因為荀子認為人性惡，便極力主張以法制約人性。從人性問題延伸到社會問題，荀子之重法，勢必導致法家政治，與原儒分道揚鑣。這就難怪荀子教育出韓非、李斯這樣的法家大腕。

　　比如，關於隆禮。禮，是宗法制下君臣長幼上下各自的行為規範。荀子曾正確地認識到「人之生，不能無群，群而無分則爭。」人是社會性動物，「離居不相待則窮，群而無分則爭。」社會有不同分工才能發展，不同分工要協調，各安其分，和諧發展，要以「義」來維持。「義以分則和，和則一，一則多力，多力則強，強則勝物，故宮室可得而居也。故序四時，裁萬物，兼利天下，無它故焉，得之分義也。」就是說，集中群眾的力量，互利互補，社會才能進步。那麼靠什麼才能集合群眾之力呢？荀子認為只能靠君：「君者，善群也。群道當，則萬物皆得其宜，六畜皆得其長，群生皆得其命。」否則「無君以制臣，無上以制下，天下害生縱慾。欲惡同物，欲多而物寡，寡則必爭矣。故百技所成，所以養一人也。」

　　為了避免爭亂，就必須「明分使群。」這就是強調民眾必須各明其分，供養君主一人，因為只有君主才能善群。分是什麼？「分莫大於禮」，禮就是等級制。沒有等級制社會就容易混亂：「故無分者，人之大害也；有分者，天下之本利也；而人君者，所以管分之樞要也。」按照社會發展規律，人類分工本是文明進步之必要，社會管理適應分工之協調，有等級制也是必需。但荀子將君主抬舉到樞要地位，使之至高無上，而民眾必須供養他，這就造成了特權，使之養尊處優；「知天為人主上者，不美不飾之不足的一民也，不富不厚之不足的管下也，不威不強之不足的禁暴勝悍也。」就是君主享有美飾富厚威強的權利，這樣一來，就必然形成君主專制。這

與原儒強調以民為天，君主是民眾之公僕，只不過盡其社會管理之職而與眾人人格平等的見解背道而馳，遠古民主制的遺風蕩然無存了。那麼，所謂隆禮，即維護等級制，便使隆禮成了維護君主專制的工具，而非正常的社會通則。在原儒，強調克己復禮，本是重於限制君主權貴，在荀子則變成了限制民眾的鐐銬了，目的只在於防止「下違上，少陵長」了。由此，我們就會明白，為什麼孔孟奔波一世，不見用於世；而荀子在齊得以「三為祭酒」、「最為老師」，在楚被作任用為蘭陵令的原因。一句話，荀子的學術有利於統治者而已。

更何況隆禮之外，荀子又提倡重法，認為「由士的以上，則必以禮節之，眾庶百姓，則必以法數制之。」雖然「分莫大於禮」，但就「禮者，法之大分，類之綱紀也。」法成為禮的原則。於是，隆禮實質上也是隆法：「法者，治之端也；君子者，法之原也。」「令行禁止，王者之事畢矣。」可見，王者之事就等於令所禁止的法治。荀子在這裏完全違背了孔孟倡言禮治仁政的本意，為法家大行其道張目。後世韓非李斯大暢乃師之風，厲行法治，助紂為虐，成為暴秦走狗，而秦始皇賴以成為千古一帝，倒行逆施，也就勢所必至了。

不過，平心而論，在《荀子》一書中確有照抄搬用孔孟仁政禮治的大量言論，其有關教育思想、中道哲理、供民以時、輕徭薄賦、舉賢任能、注重資源節用、反對相術、制天而用等，頗多卓見（不過，有以「人定勝天」說為荀子所創，不確。《荀子》無此語），而且《荀子》中也吸納了墨家、道家、名家等不少內容，是見荀子學識淵博。或許由於貪多務得，其學便不精純而有背儒道，非僅「大醇而小疵」也矣。而其失誤，端在「法後王」一語（見其〈儒教〉、

〈非十二子〉、〈不苟〉、〈非祖〉等篇），稱「百王之道，後王是也」，
與孔孟法先王主張相反。蓋效法先王后王，在王之賢否，不在時代
先後。孔孟所法皆三代賢王，其事載在典冊，是歷史文化傳統，固
堪為法。而後王，即所謂「天下之君」，係當時世主，皆諸侯逞霸
者，何法之有？或有之，乃荀子理想中人，自造偶像，自我為法，
人則無以為法。況荀子未嘗不言先王可法史實，其所斥「呼先王的
欺愚者」，實指子思、孟子，而子思孟子非欺人者。荀子可謂同室
操戈，非儒行之正。故法後王一語便成妄言。人但以歷史進化、今
勝於古而肯定此語，殊不知歷史有倒退，就政治文明而言今未必勝
昔。於是法後王一語，適成世主推行霸道藉口，韓非之徒得之，於
是有暴秦唯我獨尊專制，人若稱子勢苟利，良有以致之，荀子何以
自解哉？

16.林君論士

　　老友林鵬君博極群書，尤好讀先秦書，古今中外相參照，頗有
新銳見解。十年前出版有《蒙齋讀書記》一書，近期將再版，他寫
了一篇後敘。筆者先睹為快，其中論傳統士文化，觀點新穎。徵得
林君同意，在此略作介紹，與大家分享。

　　林君認為，中國的歷史文化有特殊性，不能用社會發展五階段
論來套。中國私有制發生在堯舜時期，舜之弟「象曰：倉廩父母，
牛羊父母，干戈朕，琴朕，二嫂使治朕棲。」可見是有私有財產的，
是私有制。後來，有了公侯才有公有，公有制者，公侯之私有也。
在此之前，土地無所謂公有、私有，誰種誰收，即耕者有其田。所
謂井田，就是分田，也寫作經地、經野、耕地、劃地，井田制即分

地而耕的制度。田稅有貢、助、徹三種。貢助易理解，徹法眾說不一。其實，「徹者，徹也。」（《孟子》）就是取走，全部拿走，連鍋端。這是為了應付戰爭。西週末，幽王有意製造戰爭，大肆搜刮，甚至「徹我牆屋」（《詩經》），民乏財用，西周就此滅亡了。

林君指出，平王東遷，王室漸衰，霸業興起，開始有變法。沒有危機就不可能有變法，而沒有變法就不可能稱霸。但變法與稱霸，均不能持久。變法之一即取消公舊。晉惠公就是當了俘虜，才答應大家要求，取消公田，將在公田中服勞股改為從私田中抽什一或什二之實物稅。從實質上說，是從私田抽稅，私田也就成了公田。

先秦四民為士農工商。士農幾乎一體。林君認為，士人產生於上古，大舜即典型的士人，是一個自耕農。這類士農在城為國人，在鄉下為野人。城中士人有五畝之宅，可耕餘而讀，「退而耕諸野」。士農進可入學就職，退可務農作隱士，有人身自由。這種自由在秦國商鞅變法後，實行什伍連坐，嚴刑峻法，漸漸失掉了。士農被束縛，變成了農奴。六國的布衣之士及反秦，稱秦為「虎狼之國」。為對抗暴君的極權主專制，自立的士農擁護自由平等，蔑視君權，乃有孟子民貴君輕的思想。孔子也不重君權，說「夷狄之有君，不如諸夏之亡也。」有名人認為這是孔子的狹隘民族主義表現，實質孔子「無君」論與民族主義無關。近百年來，中國學西方，學的都是有君的一套、等級制的一套，至於「無君」，一點也沒有學。因為不理解孔子的話。西周就有無君的共和時期，無君而有臣、有民、有禮法、有章可循，比有君時治理得還好。這證明《周易》：「群龍無首，吉」的偉大真理。

林君指出，帝王思想和帝王文化，是有了皇帝才有的。與之對抗的就是士君子文化，即自耕農文化。戰國七雄尚暴，所謂「當今

爭於力氣」。士君子反戰，倡「修文德以來之」，以儒家為代表。士君子可仕可隱，達則兼濟天下，窮則獨善其身，他們敢於「立殿陛之下與天子爭是非。」「出則巷儀，入則心非。」不好對付。故至秦始皇「焚書坑儒」，是必然的。中國歷史沒有奴隸制，卻有類似奴隸制的政策，這就是徹法。秦朝就是搞奴隸制的徹法。世界史上，在埃及的法老是搞典型的奴隸制徹法，將全部農產品拿走，然後按期發口糧。對此，學界有人稱為「國家社會主義」，即希特勒的「納粹」。國家社會主義不能長久，古埃及文明和希特勒政權都亡了。秦朝 15 年，也迅速滅亡。

批林批孔大捧秦始皇。但民間大罵秦始皇，古代罵秦的就是由自耕農淪為農奴的士人、農人。柬埔寨波爾布特迫害人民 2/3，殺害了 1/3，堅決走秦始皇之路，也是速亡。仁者無敵，不仁者樹敵。不仁者永遠沒有辦法將反對者徹底消滅，永遠無法殺光自己剛剛樹起來的敵人。社會意識有潛流，即世道人心，民心向背。「無視自我民視，天聽自我民聽」。「民之所欲，天必從之。」（《尚書》）

學術者心術也。據筆者知，林君自幼參加革命，是為了自由、民主、獨立、富強。十年文革，心情苦悶，便去讀先秦古籍，經過一番苦讀，對歷史有所感悟，就寫出來。林君說，自己的看法，未必恰當，希望得到批評。

筆者對林君所說，也是未必全懂。先秦的歷史文化精華何在？林君所言士君子文化，禮樂文化，抗暴文化，確實是影響中國歷史數千年以至於今的優秀文化。如今探討國學，理應繼承發揚。不過，士君子文化是古代的東西，也必有歷史局限性，因為它是小農經濟的產物。與現代民主，現代人民大眾的先進文化畢竟存在差異。在經濟全球化的大潮中，傳承士君子文化就必須賦予新的時代精神，

有所揚棄，也就是結合中國和世界發展大勢，有所綜合創新。但是，無論如何，不管對林君的見解是否認同，林君所論對今人的國學研究，是有啟發和教益的。

17. 《春秋》義法

《春秋》是孔子親撰的唯一著作（或以今本《春秋》非孔子作，另當別論），是中國第一部編年史，記東周平王四十九年（前 722、魯隱西元年）到周敬王三十九年（前 481，魯哀公十四年）共 242 年間歷史大事，有 16572 字，是儒家經典。因為文字簡略特甚，王安石斥之為「斷爛朝報」。《左傳》以史傳經是解釋春秋所記史實詳情的，其中尤以晉國事為多。《公羊傳》、《穀梁傳》則主要講義法，是解經的微言大義，是歷史哲學，與《左傳》性質不同。

孔子對《春秋》看得很重，孟子評曰：「《春秋》，天子事也。是故孔子曰：知我者其惟《春秋》乎！罪我者其惟《春秋》乎！」並以孔子作《春秋》而亂臣賊子懼，其功績與大禹、周公並論，足見推崇。但司馬遷極稱《春秋》是「貶天子，退諸侯，討大夫，以達王事而已矣。」（《太史公自序》）按其實，孔子在《春秋》中尊王而貶亂臣，但對王室衰微之實並不避諱，仍如實記錄，體現了直筆精神，是故史遷有「貶天子」之論。

孔子作《春秋》不特記載史實，更重要是孔子提出了一套修史的規範即春秋義法，或稱春秋筆法，影響中國史學幾千年，章學誠云：《春秋》有成例。成例即使指春秋義法。不過，孔子沒有明說其例，其義法是後人研讀《春秋》總結出來。這義法就是《左傳·成公十四年》所云：「君子曰：《春秋》之稱，微而顯，志而晦，婉

而成章，盡而不污，懲惡而勸善。」共五條，學者稱之為《春秋五例》，前四例是修史修辭用語原則，是微言；後一例是褒貶評價原則，即大義。

須知，孔子作《春秋》不是創作，而是客觀記錄史事，孔子奉行「述而不作」，只是記述，因為歷史是既定往事，只能如實地敘述。但孔子對史事有見解、有評價，有是非標準。所以在如何取捨編排，寫什麼不寫什麼，如何下筆，是贊是貶方面，是有一定之規的。不瞭解這一定規（義法），讀《春秋》就不易讀懂。

在材料取捨上，《春秋》「先內後外，錄大略小」，即以魯史為主，兼採他國史料，主要記祭祀、會盟、戰爭等大事，所謂「國之大事，在戎與祀」，何休《公羊解話》有說明。另一原則是「常事不書，有變乃志。」亦見何休與范寧《穀梁集解》的概括。這樣使《春秋》重點突出，不至成為流水賬。

在時間次序上，孔子參考了各種譜牒，排比整理，在年代上以魯國十二公為次，用周曆紀元，繫之以月日，完整而系統，眉目清晰。

在微言方面，有上述四例可證。一是微而顯，即言在此而意在彼。如僖十九年記「梁亡」，梁之亡是秦人滅梁，但不書秦亡梁，只書梁亡，意思是說梁王迫民築城，民眾罷敝，梁王卻藉口有寇或秦人偷襲，秦則滅梁，這是梁自取滅亡。這裏，孔子表明了對此事的看法。又宣二年記「趙盾殺君」，本是晉靈公被趙穿所殺，只是因為趙盾逃亡沒有離晉境，而公死又不討賊，故書趙盾殺君。此條為太史董狐所記，孔子因之，稱董狐為古之良史，書法不隱。孔子這裏並非不知史事，乃是要特別譴責不合道義的趙盾。

二是志而晦，即以簡筆寓以深意，直書其事。如記國君之死，有弒、殺、刺不同字眼，戰爭有侵、伐、襲之不同用詞，又如吳楚之君本已稱王，而書為吳子、楚子不稱王等。其中歷史事件為實，而孔子觀點評價卻不同，後人自能取鑒。

三是婉而成章，主要是對尊者、親者、賢者的惡行壞事，或略書或委婉回護。如踐土之會，是晉文公君召周襄王會盟於河陽，經文書曰：「天王狩於河陽」，明明是被召赴會，卻說是天王巡狩（後世史書於帝王棄都外逃亦用此語），便是為周天子失威的曲筆諱言。

四是盡而不污，即直書其事，使善惡自見。杜預曾舉天王求車、齊侯獻捷等事，反映天子求私財，齊侯違禮獻俘之類不合禮制的行為，所謂：「貶天子，退諸侯」之義，於此可見。

以上四例用辭造句都暗含有孔子的褒貶批評，表明勸善懲惡的用意，也就是以史為鑒，確立禮制規範，供後世犯上作亂者有所儆戒，不要為非作歹。這體現古代史官以史筆制約君上，導其向善的深刻用心，表明事實俱在，不可抹殺，後人自有公論。如唐太宗曾幾次想看看史官所記「實錄」，史官堅決拒絕，太宗只好作罷，就是一個正面的例子。只是歷代昏暴之君甚多，史官的道德評判並不能杜絕其惡，君權至上，罪惡大矣。

孔子作《春秋》，其義法中多有曲諱之筆，往往妨礙了對史事真相的認知，這是流弊所在。孔子作《春秋》的尊王攘夷為其大原則，也有維護中原先進文化的客觀意義。但尊王之義，客觀上又維護了大一統的君權，這是現代人不能認同的。這裏需要對孔子同情的理解。因為孔子之前的歷史，除了三代賢王郅治可為取法，便是諸侯爭霸的亂世，此二者中他只能宣揚前者，這是他唯一的歷史選擇。而三代政治有賴於賢王繼承遠古民主制遺風，始能獲得郅治政

局，君王賢否關係天下治亂，只能尊崇而勸之向善，而民眾無權無力去殘除暴，道德制約就成了唯一手段。這也是歷史的無奈，或可稱之為歷史進步要付出的代價？

18.商君虐民

以往的歷史書評價商鞅變法，總是稱讚其歷史進步性，宣揚他助秦富國強兵，為統一天下創造了條件，文藝家創作劇本頌其功德，為其車裂而亡抱以極大同情和不平，推崇這位改革英雄。但是，認真讀歷史，細讀《商君書》，就發現滿不是那樣一回事。

商鞅是法家先驅，《商君書》雖雜有別的法家文章，但主要表現商鞅的思想。商鞅本姓衛，早年學習魏文侯相李悝所著《法經》，以此為起家的學說。他在魏國做小官，未見大用，遂投秦國，受秦孝公賞識，大行法治，以農戰之策使秦富強，壓倒六國。因此受封商於十五邑，號商君。孝公死，惠王立，商鞅被誣，受車裂之刑而亡，史稱「作法自斃」。

讀《商君書》，可以看出商鞅只是處處為秦孝公擴大權力而獻策，其厲行改革的目的在治、富、強、王，即增強秦之實力，以謀爭霸中原。這個目的算是達到了。但評價任何改革的標準不是僅僅看生產力的發展和國力的增強與否，生產力的發展還有一個更重要的前提，即人道標準，即看改革最終是否增進了國民幸福，是否有利於社會的文明進步。以這樣的科學標準評價商鞅變法，就會知道商鞅變法沒有利於民眾，而是建構成了虎狼之秦的暴政，強化了專制極權，是歷史的大倒退。

從單純生產力標準看，商鞅推行農戰政策，所謂制轅由，開仟陌，初租禾，打擊工商，達到了「耕織致粟帛多」的效果，發展了生產力。而取消舊貴族特權，實行分縣制以利中央集權（為後來秦始皇行郡縣制準備了條件），又制定軍功爵，重刑賞，按兵而農，粟爵粟任，鼓勵勇戰，特別是以軍功免奴隸身份，也建造了一支出力不怕死的秦軍，強化了戰鬥力，為爭霸中原提供了強大實力。但是，這所有一切，都只是為了秦君著想，秦民並沒有得到什麼實惠。

如商鞅厲行「連坐」法，《史記》稱「今民為什伍，而相收司連坐，不告奸腰斬，告奸者與斬敵者同賞，匿奸者與降敵同罰。」非但鼓勵平民告奸，也倡導官吏告奸。規定官員告奸得重賞，不告則有罪。有罪者不僅罪其本人，且三族（父族、妻族、親族）連坐受刑。這是公開鼓勵告密，實行特務統治，所謂「以刑去刑」，「禁奸止過，莫若重刑……則民不敢試。」實則以重刑恐嚇平民，而連坐者，勢必罪及無辜。這種法治，端在治民，鎮壓百姓，有利於奸人，禍害民眾。

尤有甚者，即商鞅「教孝公……燔詩書而明法令。」（《韓非子‧和氏》），實行愚民政策，因為他認為「農戰之民千人，而有詩書辯慧者一人焉，千人者皆怠於農戰矣。」《商君書》反對儒家提倡的六經及修善、孝弟、誠信、貞廉、仁義、稱此為「六虱」，認為六者破壞農戰政策，擾亂社會秩序，屬於非兵羞戰之論。這樣做的目的是使民「不好學問」。從發展來看，這已經在為後來秦始皇「焚書抗儒」張本，從本質上看，是一種反文化、反智主義的暴虐政策。要知道，儒家倡仁義孝弟誠信等，固然旨在普及教化，但針對禮崩樂壞的現實，更著重在制約君主權貴，故儒家重在德治，以法為鋪，是主張以法制官，而商鞅則是以法制民，讓民眾都成為專制統治下

俯首貼耳的奴臣順民。重農,是使民眾成為生產物質財富的工具;尚戰而賞又反文化,則是使民成為戰爭機器上的附件,最終化為好鬥好殺的猛獸。在戰國時代,山東六國是文明進步的地區,而秦僻處西疆,諸方面皆落後野蠻,多有奴隸制殘餘。商鞅法治為了軍事目的,以殺敵重賞的手段,鼓勵奴隸從軍殺敵,以復其身,是誘使奴隸為秦君爭霸而赴敵殺人。秦國由此訓練出一支人數眾多的軍隊,可見秦國奴隸數量之多,亦可見只有秦國實行了奴隸制統治。從 1978 年出版的《從睡虎地秦墓竹簡》發表的新材料中,可以看到秦國大規模使用刑徒勞動力。學者研究,秦律反映出典型的奴隸制關係。秦之奴隸,不同於漢代的刑徒。其中不全是犯法者,還包括有買賣而得以及戰爭來降者。刑徒之屬如不經贖免,不到一定年限不能解除,且株連家屬後代。研究秦律與六國相比,在六國只有私人臣妾奴隸,而少見秦國那樣多的官有刑徒。學者指出「有的著作認為秦的社會制度比六國先進,我們不能同意這一看法,從秦人相當普遍地保留野蠻的奴隸制關係來看,事實毋寧說是相反。」(李學勤《中國古代文明十講》,復旦大學.2003)

　　秦國實行的奴隸制,是商鞅變法強化的,這在當時是歷史的倒退。秦之統一中國,正如後世五胡亂華,元滅南宋、清滅明朝,是以刀槍鐵騎暴力手段,以野蠻征服文明,以落後戰勝先進。只是到後來在長期的發展中,戰勝者往往在統治過程中又逐步被弱者的先進文化所同化,從而顯現歷史的螺旋式進步。但總不能所征服者血腥屠殺政策也是歷史和的正義。秦經變法,固然使生產力發展了,國力富強了,但歷史付出的代價也太高了。《史記‧伯夷列傳》載伯夷語:「以暴止暴,不知其可。」商鞅以刑去刑,以殺止殺亦然。因為刑者、殺者是謀取私利的統治者,而被刑被殺者都是大量平民

百姓。列寧說，當問題不易弄清楚時，首先應回答的是「對誰有利」這一首要問題，以此考察評價商鞅變法，即可洞若觀火！

19.孫子慎戰

兵者兇器，聖人不得已而用之。古訓明載史冊，實有至理。人為萬物之靈而有戰爭，實大可悲。動物之間有廝殺，卻甚少同類相殘，有所爭，驅之而已，而在中外古代史上人類之間「爭城之戰，殺人盈城；爭地之戰，殺人盈野。」豈可人不如獸乎？筆者早年讀《通鑑》，其書重寫軍政大事，記錄戰爭，大小不下百千。戰事之後，百姓被禍，流離四方，死者無數，其如詩云：出門無所見，白骨蔽平原。所謂「一將功成萬骨枯。」不禁廢書長歎，可悲也夫。追索戰爭之根源，原其禍首，蓋在歷代權貴貪欲無盡，驅民以就死地而不恤！

戰爭固有正義與非正義之分。非正義之戰，實為殘民，理應譴責，控訴其惡。而正義之戰有敗有勝，敗者死傷之慘固可憫，而勝者亦必有損兵折將，財物虛耗，古人云兩次勝仗，其失亦當一次敗仗。實則一次勝仗亦然，戰勝者何須驕人！得失之際，實難計量。然似乎戰不可免，權貴統治者一意挑起戰端，弱者受欺凌也必然逼上梁山。既如此，則正義者亦不可不講戰爭之道，於是世有兵家之論出焉。

我國兵家之祖，是春秋時孫武，傳世有《孫子兵法》，被推崇為「兵學聖典」、「百世兵家之師」。孫武後人有孫臏，其書不傳。1972 年山東銀崔山漢墓出土發現有竹簡《孫臏兵法》，殘存 30 篇，已整理出版，能窺《孫臏兵法》之大略。今試就二孫論列之。

　　二孫堪稱偉大軍事家，其著作要旨見於上述兩兵法著作。二孫何以偉大，讀其書可知二孫雖為兵家俊傑，獻戰事攻守之策，沾丐後世實多。但有共同的見解，即慎戰，決不輕言用武。古代賢哲從來有非戰之說，反對使用暴力征伐。周穆王卿士祭公謀父言：「是先王非務武也，勤恤民隱而除其害也。」（《國語·周語上》），儒道墨皆然，墨子尚著有《非攻》名篇。然三家均無法止戰。二孫有見於此，故反覆倡慎戰，以不戰為上，即古人所謂「止戈為武」。孫子有名言：「兵者，國之大事。死生之地，存亡之道，不可不察也。」「不戰而屈人之兵，善人善者也。」是以不戰而勝，最為上上策。倘不得已而戰，亦必明察其得失，「故不盡知用兵之害，則不能盡知用兵之利也。」利害相權，必盡可能趨利避害，將損失控制在最低限度。是故後人有「自古知兵非好戰」（成都武侯祠趙藩聯語）之訓。倘不得不用兵時，則要力求減少耗損：「凡用兵之法：全國為上，破國次之……。」「故善用兵者，屈人之兵而非戰也……必以全爭於天下，故兵不頓而利可全。」「故善戰者，立於不敗之地，而不失敵之敗也。是故勝兵先勝而後求戰，敗兵先戰而後求勝。」就是使自己立於不敗之地，使敵方畏服不敢戰。孫臏言「樂兵者亡，而利勝者辱。……事備而後動。」即好戰者必自取滅亡，以勝謀利亦自取其辱。戰不可免，亦必先有防備措施，有備無患，後發制人。又言：「我將欲責任義，式禮樂，垂衣裳，以禁爭奪，此堯舜非弗欲也。不可得，故舉兵繩之。」意思是堯舜賢王以教化為治，本不願有戰爭，實在不得已，才舉兵討伐安天下。

　　由於戰爭的特殊性，所謂戰況瞬息萬變，戰機轉瞬即逝。因此，根據實際情況、捕捉戰機，臨陣應變，以求必勝，為將者必有因時因地決斷之權。孫子曰：「君命有所不受。」孫臏曰：「得主專制，

用……禦將，不勝。」要求君主對為將者絕對信任，付以自專之權，不可動輒掣肘，瞎指揮。這是用兵最重要的原則。按，「君命有所不受」一語，《史記·孫子吳起列傳》為：「將在軍，君命有所不妥。」通常傳為「將在外，主令有所不受。」見《史記·魏公子列傳》中侯生語，非孫子原話，《史記》所言將在軍」云云，正確。讀《史記》所載，孫子訓練吳王之美女，是在宮中，不在外地，且吳王闔廬就在現場。因二寵姬不聽號令，孫子依軍法欲斬之，而吳王言「寡人非此二姬，食不甘味，願勿斬也。」孫子曰：「臣既已受命為將，將在軍，君命有所不妥。」逐斬二姬以徇，於是訓練有成。可見，在受任為將之後，無論在內在外，均可「君命有所不受。」這裏，孫子所言極有分寸，不曰不受，而曰有所不受。可知是有所受，有所不受。受否以用兵是否適當為準。也就是君命正確，固可受，君命失當，即可不受。這裏強調的是命令正確與否，決斷權均在將領的自決，而不論所謂內外。說明在戰爭時期，必須尊重為將者的主體能動性，否則必然不利用兵，導致失敗。

二孫兵法所論用兵之道多端，如廟算，如地形、如火攻、如奇正、如用間等等，充滿辨證法。孫子「知己知彼者，百戰不殆」一語，人所共知，已成為百世戰爭、競爭、商戰、決策的普遍真理，尤其重要。但戰爭即便取勝，也只能威服於一時，而非長治久安之道。是故儒家言治道，倡「為政以德」、「導之以德，齊之以禮，有恥且格。」儒家非不論兵，亦知足食足兵之重要。這是因為歷代執國者貪欲過甚，唯以崇尚暴力是務，以掠奪敲剝民眾為能事，孔子曰：「軍旅之事，未之學也」，實非不知軍事，而是特意強調教化之道。但歷代統治者終不省悟，怙惡不悛，殘民以逞，最終沒有不身死國滅者，秦始皇二世而亡，即為明鑒。太史公《史記》於孫子傳

後曰：「孫子（臏）籌策龐涓明矣，然不能早救患於被刑。吳起說（魏）武侯以形勢不如德（即「在德不在險」一語），然行之於楚，以刻暴少恩亡其軀。悲夫！」孫子云：「智者不能善其後」，此之謂乎？戒之戒之！

20.魯連高妙

　　「齊有倜儻生，魯連特高妙。明月出海底，一朝開光耀。」這是偉大詩人李白讚頌戰國奇士魯仲連（亦稱魯連）的詩句。晉人左思〈詠史〉亦稱「吾慕魯仲連，談笑卻秦軍。」極表仰慕之情。魯仲連是先秦士君子文化的傑出代表，受到歷代有志之士的稱頌。但近 50 年來學界論及傳統文化，涉及魯仲連的甚為少見，這原因值得深思。

　　魯仲連的事蹟並不多，見於典藉《戰國策・趙策》及太史公據之所作《史記・魯仲連鄒陽列傳》。策文與《史記》中有稱魯仲連為「天下之士」的評價。何為天下之士？天下士是指志在天下，慮及蒼生的士人，要比國士品位更高。在《史記・刺客列傳》中載豫讓為智伯報仇刺殺趙襄子之事。刺趙不遂，豫讓被逮，說：「至於智伯，國士遇我，我故國士報之。」由是知國士者，一國士人之佼佼者，其忠義是忠於主君，出於個人私恩。而天下士則不然，是天下士人之佼佼者，以天下安危、蒼生疾苦為懷。魯仲連說：「所貴於天下之士者，為人排患釋難解紛亂而無取也。」天下士是為天下人謀利益，排難解紛，清除動亂而不求利祿，功成不居，拂袖而去。這是一種天下正義，其行為品德何等高尚純潔，何等光明磊落！無怪乎能成為後世志士的典範。

　　魯連的突出表現是「談笑卻秦軍。」《古文觀止》摘採策文加標題是「魯仲連義不帝秦」。標舉一個「義」字，此義為天下之義，體現魯連以義為其宗旨，可看成是一種魯連的道義主義。在戰國時期，七雄爭霸，特別是秦趙相爭中，魯連的天下之義就顯得異常可貴。有關魯連的史藉記載，《戰國策》中的文字最精彩。因為它張揚的是一種天下之正義，至於其故事性的文字描寫雖亦雄辯精闢，其價值倒在其次。

　　魯連的正義精神表現在戰國王霸之爭中敢於抗秦，義不帝秦，這在當時具有鮮明的進步意義。為什麼這樣說？這就要看爭戰雙方是否維護先進文化，是否有利於社會生產力發展。這是評價歷史的唯一標準。在戰國之世，秦最強，主霸道。而趙國足以與之對抗，餘則不足道。秦之強由於商鞅變法後成為「棄禮義而上首功之國」，其「權使其士，虜使其民」，即秦僻處西陲，野蠻落後，尤其實行消滅文化，以殺戮為榮，實行殘酷的奴隸制。但其用耕戰之策、連坐之法，秦積累了財富實力，並利用客卿出謀劃策，使民眾化為奴隸，又倡導殺敵進爵，使秦國一時兵強馬壯，雄視六國。但包括趙國在內的六國，雖然不棄禮儀但因任用親貴即政治腐敗。以趙國而言，其都邯鄲為中原一大政治經濟文化中心，國力殷實，且有一批傑出人才如趙奢、廉頗、藺相如、李牧等名將在焉。但這批英才終不為其所用，或受排擠而被讒疏遠或冤死，故而在禦秦中銳盡失，豈能不敗？但六國之士人也有一批頭腦冷靜、洞明大勢者，他們身處下層，心憂天下，不買強秦之賬，稱之為虎狼之國，他們主王道，倡教化，擔當著進步文化，奮起抗爭，決不願成為強秦的奴隸，堅持維護六國的先進生產力，因此是社會的中堅。魯連說：「彼（指秦王）肆然而為帝，過而為政於天下，則連有蹈東海而死耳，吾不

忍為之民也。」魯連考慮的是天下興亡，不是一已一國之安危。相形之下，偉大詩人屈原只愛楚國，不論天下，就等而下之了。上述「天下觀」，是孟子始終倡導的。讀《孟子》書處世可見其平天下之志，而不僅圖一國之安（後世顧炎武亦有保國與保天下之辨）。魯連正是繼承了這一偉大的思想，於趙國危難之中，以一布衣挺身而出，勸說趙執政平原君決不可尊秦為帝。其時魏國近在秦側，畏秦如虎，使辛垣衍赴趙說帝秦。魯連本齊人，聞訊而隻身入趙，會見辛垣衍，曉以大義，指出帝秦的禍害，終將使魏與辛某不保其國而身死。此時適逢魏公子信陵君私下發兵助趙，秦軍聞之乃退兵，未能實現其稱帝之野心。固然魯連以三寸舌不可能獨力退秦，但他看到秦之狼子野心，看到秦推行野蠻屠殺，使民為奴的反動政策，以齊國之人而奮然入趙，即是明察六國協力足以抗秦暴政的唇齒相依關係，出以正義激情，挽天下之淪胥。這充分說明魯連代表的先進文化對天下興亡的決定性作用。魯連寧死不為秦奴的精神正表現了中華民族脊樑的剛強意志和不屈氣節，這是中國傳統文化中最為可貴的內涵，是士君子文化的精華。今日捨此而談國學云云，皆不著邊際也。

魯連何以能具有這種獨立之意志，自由之精神？蓋因魯連身處下層，與百姓有血肉連繫，其「好奇偉俶儻之畫策，而不肯仕宦任職，好持高節。」端賴他是耕讀傳家的自耕農，有文化而自食其力，根本在於他有孟子講的「五畝之宅」。可見，他功成不受賞，終身不見平原君，有特立獨特的物質支撐。倘沒有這樣的經濟保障，如後世依傍權貴的奴儒，那就很難有擔當正義的骨氣和底氣了。如四人幫的梁效之流，能在強權淫威之下硬得起來麼！

　　在戰國之世，如魯連之類的士人有一大批，如顏率說止秦師求周鼎，唐且不辱使命，顏斶見齊宣王論士之尊，馮驩客孟嘗君，荊軻刺秦等，《戰國策》中均有明載，但魯連是其中佼佼者，餘皆不足與為比。也有蘇秦、張儀等策士，其為強權的鷹犬，助紂為虐，唯富貴勢利是求，便不足道也。

　　《戰國策》一書輯錄戰國策士言論，為研究戰國史所必讀。戰國策士活躍於政治舞臺，智慧過人，才華傑出，但榮辱異途。但大多數最終毀滅於強秦一統專制之下，洵可慨歎！而《戰國策》議論縱橫，說理透癖，值得一讀。蘇東坡一代文豪，據稱其文章寫作得力於《戰國策》。於此書，為文者將獲益多矣。

21.達節實難

　　氣節向題自古為中國人所重，向有「忠臣不事二主，烈女不嫁二夫」之訓。這種信念，從宋代以來傳了千餘年，家喻戶曉，但恐系理學家言，非正道也。但溯自先秦，氣節問題確是國人極看重的立身之則，如屈原忠於楚，秦兵滅楚，屈原懷沙自沉，這一氣節倍受後人敬重。杜牧詩「何處吹笳薄暮天？塞垣高鳥沒狼煙，遊人一聽頭堪白，蘇武爭禁十九年。」抗戰時期，有流傳甚廣的一首歌：「蘇武留胡節不辱，雪地又冰天，苦忍十九年……」極贊蘇武被匈奴拘留十九年而不屈的精神，極大地鼓舞了全民抗戰的決心。屈原與蘇武均為堅持氣節之士。但仔細考慮，二人氣節尚有不同，屈原主要是忠君而不屈，是原於政治氣節，蘇武主要是忠於漢朝，誓死不降匈奴，是屬於民族氣節。昔年筆者作〈元遺山新論〉，認為元好問金亡不為金朝殉死，但終身未仕元朝卻極力為保存中原先進文

化奔走，往往周旋於元廷權貴之間，這也顯示了可貴的氣節。此論得到張頷先生的首肯，頷老為此書批語曰：「世人謂屈子愛國，其與中華何？楊門愛國，其與北漢何？豫讓忠主君，其與中行何？我國忠君愛國思想一片混亂，都是為實用者亂用。」可見，無論政治氣節，還是民族氣節，都需要進行辯析，要有一個評價的尺度，而不能只看某一歷史人物是不是忠於一朝一姓一族，是不是為主子殉節。

　　在氣節評價上，歷來存在尺度混亂的情況，如忠君愛國問題，確有如頷老所云：「為實用者亂用」的現象。如前人評價一些理學家所倡「主死臣殉」的原則，諷之為「平時袖手談心性，臨難一死報君王。」是說這些殉主者，平時沒有救國拯民的尺寸之勳、高明之策，在國家危亡時只知以一死報答故國的君王，其形象似亦壯烈，而終無益於社會與民眾。這種氣節就不值得稱道。也有相反的例證，本屬堅持民族大義，維護百姓利益的烈士，卻由於時代發展，民族融合而不敢公正的評價其氣壯山河的歷史貢獻。前些年一度有權威人士便提出在歷史教科書上不要再講岳飛、文天祥的報國忠節，理由是怕影響民族關係云云，甚至編歷史劇有意回避傅山先生的抗清鬥爭，而捏造非歷史的親和故事。這都違背唯物史觀的基本原則，完全不顧歷史事實。其實，古人在氣節問題上早有明智的理念。《左傳‧成公十五年》載子臧語引《前志》曰：「聖達節，次守節，下失節。」便是一條富有啟益的明訓。子臧此語是回答當時有諸侯勸其覲見周天子以繼承國君之位的話，所謂《前志》，是三代以來流傳下來的文獻，《志》中提倡氣節，認為最高的是「達節」，次一等的是「守節」。「失節」是不好的，為君子不取。僅僅堅持守節，也不是最好的。所謂「三節」，是要視具體情況判斷取何種正

確的態度，來做出適當選擇，而不是以教條主義固守某種志節，有悖正義原則。

所謂氣節，是指一個人的志氣和節操。志氣是堅守遠大志向的勇氣，節操是面對非正義事件的個人應保持的道德底線即有節制的操守。總之，就是為人處世的基本原則。那麼，什麼是達節呢？就是堅守氣節要有通權達變的行事準則。把握通權達變之道很不容易，孔子曰：「可與共學，未可與適道；可與適道，未可與立；可與立，未可與權。」可見，把握「權」比共學、適道、立還要難，權是最重要的一條準則。但這個權，並不是機會主義，不是看風使舵，投機取巧，急功近利。它是以守節為基礎、為前提的。是既要守節，又要通權達變。這在古人確實難乎其難。那麼，這個達節怎麼才能真正把握呢？這裏，關鍵的問題是立場，即站在什麼人的立場上來看待三節。客觀地評價歷史人物，如果其人以人民本位為立場，即堅持維護先進生產力和先進文化，堅持維護人民群眾利益和社會文明進步這一立場，那就是正確的，屬於高尚氣節，理應肯定。反之，不利於生產力的發展，破壞社會文明進步，那就是失節，就是錯誤的，應當譴責。這裏提出一個生產力標準，因為歷史的進步就體現在生產力的進步，而生產力的發展是社會文明進步的動力，是代表勞動人民的根本利益的。這是評價歷史人物的基本標準，倘若是評價當今的人物，則以生產力為唯一標準就不夠了，因為歷史已進步到經濟全球化時代，當代的發展除了生產力發展還有一個人的全面發展的更高標準。這就是古今之不同，需要明辯之。

以生產力與文明進步標準來評價歷史人物的氣節，像岳飛、文天祥的氣節問題，就應該大力肯定，多加宣傳，無須回避。因為在宋金之際、宋元之際，岳飛、文天祥的抗金抗元是客觀上維護中原

先進生產力免遭落後的金元暴力破壞的正義事業，而傅山在清兵南下初期實行嚴酷的民族屠殺政策下堅持抗清，也是值得讚揚的正義事業。至於岳飛，因忠於南宋受詔班師，使抗金鬥爭毀於一旦，其對宋高宗固然是守了節，對廣大淪陷區人民卻是失了節。不過這亦不能苛求岳飛，因嶽飛班師有愚忠因素，又是被迫無奈。而傅山，在清廷統治穩定並採取了符合中原社會經濟發展的開明政策後放棄抗清，轉而從事反專制的學術活動，也是明智之舉，亦值得肯定，並非失節。類似的如歷史上的王昭君奉命和親、王猛投奔苻秦、元好問不肯殉金、劉秉忠等一批金朝人士效力元廷、高文程任職於清廷，都應實事求是地肯定，不能因為他們投奔歷史上少數民族政權就批評他們失節，簡單地以其是否忠於一家一姓的帝王來評價其氣節問題。如不然，那就失之毫釐，謬以千里，談不上「聖達節」了。

22.盜憎主人

　　昔年筆者作〈自古帝王皆流氓〉一文，意在批判歷代專制極權，帝王亂政。文引周良霄《皇帝與皇權》（上海古籍，1999）的統計；在二千年中秦朝以下直線相承的 22 個王朝皇帝 170 人，假若 1/5 的皇帝算事業型、有所作為，以一個皇帝在位十二三年計，這類皇帝統治中國不過 400 年，而其餘 1700 年中，「我們這個古老的祖國就是在一大群腐敗者、殘虐成性者、弱智者、未成年孩童以及病態的平庸人等的專制統治下，蹣跚前進。即就所謂有為的少數皇帝而言，在他們的統治期裏，真正能推動社會前進的功業究竟又有多少？這也大成問題。」周先生此語真是慨乎言之，令人怵目驚心。

中國的老百姓幾千年生活在水深火熱中，正如魯迅所言，真覺得不像活在人間！

　　友人原平馬希平先生讀拙文後提出質疑，認為歷代皇帝中有若干的幼童傀儡皇帝似不應歸入流氓之類，如英主唐太宗有不少善政，體恤民生，似亦非流氓。思考馬先生提出的問題，從個例看，他的看法未嘗沒有道理，所以我說改文題為〈自古帝王多流氓〉或許更貼切一些吧。但倘若就皇帝專制而言，就會覺得所有帝王都應批判。因為這個極權制度本來就是非人道的、反文明的。這裏，關鍵的問題是要問，自古以來設立皇帝極權制究竟是為什麼目的。

　　這個問題早在西周時期就有先賢提出並試圖解答。《尚書·泰誓上》載武王伐紂，會諸侯於孟津。武王誓曰：「惟天地萬物父母，惟人萬物之靈。亶聰明，作元后，元后作民父母。」又稱「天佑下民，作之君，作之師，惟其克相上帝，寵綏四方。」「天矜於民，民之所欲，天必從之。」武王之誓以君王（元后，此時尚無皇帝之稱——筆者注）為民父母，比較周公所言君王應「以父母之禮加之於民」，即以民為父母來，是退了一步。但武王畢竟還明言「民之所欲，天必從之」。那麼周天子既為天之子，亦當從民之欲，聽民的話，況天保佑下民，天子既等同於君師，又有協助上帝安定四方的職責，豈能不順從天意，聽從民眾的意願呢？天子是君，又是師的同類，則天子就必須作出好的道德榜樣，以身作則，教化於民，否則何以稱君師呢？所以明智如武王又說：「惟天惠民，惟辟奉天。」奉天也者，奉民也。這是明明白白的。由此可見，在武王看來，成為國家的元首，是要為民服務的。武王的觀點也不是個人頭腦的產物，而是堯舜禹三代賢君的遠古民主制遺風使然。從這裏，可以看出，遠古設立君王，其合理性只在要他為民服務，並沒有讓他搞極

權專制，只為本人和本家謀私利的目的。只是到了家天下時代，這個目的就被篡改了，變成了君王唯我獨尊，作威作福，欺凌百姓的藉口，從此君王乃至秦始皇之後的皇帝就成了天下的首惡，如夏桀、商紂之類殘民以逞，故周武王才倡言「恭行天罰」，一舉滅亡殷商。

正因為有先賢的歷史先例，《呂氏春秋》鑒於秦之暴政，高倡「天下者，天下之天下。」這就是明確地以「公天下」反對極權專制「家天下」，徹底顛覆了專制暴君作威作福的合理性。歷代士君子文化、先進的士人多有這樣的正義理念，如孟子明言「聞誅一夫紂矣，未聞弒君也。」西漢酈食其面對漢王劉邦就說：王者「以民為天，而民以食為天。」北宋政治家王安石說：「所謂得天，得民而已矣！」至於晚清黃宗羲更有痛斥暴君的《明夷待訪錄》問世。儘管在秦始皇以來的帝制時代，君為臣綱的三綱論成為社會的主流意識，百姓成為帝王的俎上之肉，任其宰割，而先進的「公天下」民主意識被排斥壓抑而邊緣化。但這種「公天下」理念始終沒有被完全消滅。中國歷史上農民起義次數之多，規模之大為世罕見就是明證。所以，列寧說，平等思想是農民最革命的思想。

從根本上說，有悖於公天下的皇帝極權專制，就是帝王們乘勢而起，篡奪政權，圖謀私利的產物。帝王們完全違背了先秦「君師」的本意，藉口天意，巧取豪奪，橫行霸道，完全變成了巨奸大惡。他們就是盜賊，是竊國大盜。所以莊子憤怒地控訴：「竊鉤者誅，竊國者侯。諸侯之門，仁義焉存！」所以無論幼童帝王之無知，還是唐太宗之善政，就其個例而言或許算不上本色的流氓。但就其奪權獨尊的地位而言，都算不上正大光明，因為皇帝極權專制的本質上就有流氓盜賊的屬性。

也正因為帝王是竊國大盜,所以他們從根本上就與民眾利益相對立,對民眾毫無體恤同情,非以暴力壓制民眾不可!而作為國家的主人,民眾不得不受盡凌辱盤剝,敢怒不敢言,只有在實在活不下去時才奮然揭竿而起,反抗暴政。《國語·國語上》載周厲王虐民,民不堪命,咒罵厲王,但厲王壓制民憤,以「防民之口,甚於防川。」大開殺戒以止謗。厲王得意於一時,結果「國人莫敢出言。三年,乃流王於彘。」厲王的下場就是大盜禍民的下場。《左傳·成公十五年》載,晉國三郤譖殺伯宗。伯宗本是正直敢言之士,「伯宗每朝,其妻必戒之曰:盜憎主人,民惡其上(此係成語,亦見於《孔子家語·觀周》載金人銘)。子好直言,必及於難。」伯宗終被殺,印證了其妻「盜憎主人」的勸言。這句盜憎主人的格言,揭示了歷代帝王的醜惡本質,任何暴君暴政都是盜憎主人的體現,盜憎主人可以說是歷代帝王的通則。所以今天人們唾棄帝王極權專制是必然的。至於為什麼極權專制能沿襲幾千年,這也不是沒有原因的。那就需要從其產生的古代經濟基礎深入探討了。

23.秦皇變態

俗語「人不可貌相。」古人言「以貌取人,失之子羽。」皆是說人的長相與德行無關。但古人有相人術,相信長相關乎命運。今人多不信此類迷信,然考之歷史卻似有特例,如越王勾踐,長相是「長頸,鳥喙」,范蠡見之判曰:其人「可與共患難,不可與共樂。」越滅矣,范蠡功成身退,乃乘舟浮海而去,而文種未聽范氏言,退身遲而被殺。(見《史記·越王世家》)范氏預見,或係洞察君心而

造託詞，亦未可知。然談到秦始皇之暴虐無道、殘民以逞，卻與其相貌獰惡頗有一定聯繫，卻是真的。

太史公《秦始皇本紀》記秦始皇趙正（即嬴政，政通正，始皇嬴姓、趙氏，先秦姓氏有別）相貌「為人蜂準、長目、摯鳥膺、豹聲，」當是塌鼻樑，眼細長如馬，雞胸，啞嗓，發音如豺，懂醫的郭沫若判斷他得過軟骨症，今曰缺鈣症。這可能是先天或幼時營養不良所致。按說始皇出身秦貴族，何以營養不良？蓋因其母趙姬出身微賤，是趙國一娼妓，被呂不韋收留。其父秦公子異人（子楚）為人質於趙國時，呂不韋以奇貨可居，與之交好，贈以趙姬。在呂氏策劃下，異人歸國，巴結孝文王后華陽夫人。華陽無子，乃勸孝文王立異人為太子。不一年，孝文王死，異人繼位，是為莊襄王，趙正遂立為太子。三年後，莊襄王死，趙正即繼為秦王即後來的秦始皇。大概是趙姬認為年幼的趙正長相醜陋，對他很不待見，使之冷落於深宮，導致其營養不良，醜上加醜。這種生活環境使趙正羞見外人，在深宮中，少與人交，自我封閉，勢必形成一種自卑孤僻的變態心理。長期的獨來獨往，又感受到周圍人際關係的疏離，一旦貴為天子，受人敬畏，這就養成一種內心自卑而外表自大，獨斷專行又蔑視他人的扭曲人格。所以看起來秦王威風八面，人見人怕，他內心卻孤獨自卑，鬱悶難遣，無處發洩。長此以往，便養成一種仇視他人，殘忍自專、自閉自大的病態性情。趙王 13 歲繼位為秦王，22 歲（前 238 年）親政。由於孤獨自閉，心態抑鬱，故而把精力宣洩到處理大量的政務工作中，每日要批閱巨量的奏章，成為一個工作狂（有人贊為勤於政務）。他怕見外人，故而行為鬼祟，居無定所，特別敏感於別人的議論，高度加強保密。一次無意中流露出對丞相車騎眾多的不滿，丞相聞知後立即減損了車騎，始

皇意識到有人洩密，「案問莫服，當是時，詔捕諸時在旁者，皆殺之。」足見其內心虛弱恐懼到何等地步。這就難怪他修阿房宮，「周馳為閣道」，多「為複道」，「二百七十複道甬相連，帷帳鐘鼓美人充之。」目的在於像老鼠一樣，處處躲藏，生怕人知，猶如幽靈，「莫知行之所在。」但始皇外強中乾，施政於外便肆意極欲，厲行法治，動輒殺戮，視人命為草芥。先是誅嫪毐，斬首數百，株連殺七百二十人，滅其宗。繼則逼呂不韋自殺。呂不韋有恩於趙正，而遭此禍，蓋因呂氏與之政見不合。呂氏召人撰《呂氏春秋》，集諸子精要，為雜家巨著，講求廣採博聞，寬能容眾，中尤有「天下者，天下之天下」一語，垂範千古。與趙正肆威施暴，尊崇李斯之流嚴刑峻法之施政宗旨大不相同。呂氏冤死是勢所必至。

趙正非但殘暴而且昏庸，尤其相信迷信。不僅自封始皇帝，企圖傳秦家天下於萬世，而且欲求長生不死，壟斷政權於久遠，於是派人求不死藥，上了方士的大當而不知悔，反遷怒於儒生，興焚書坑儒之禍。藉口是諸生為妖言、誹謗，可見坑儒是由言論罪，焚書則是消滅文化，連古人之口亦欲封之。至於大修宮殿，發刑徒七十餘萬；築長城及南越地、修馳道，命蒙恬發兵三十萬北擊胡，略取河南地，求周鼎於泗水，盡伐湘山樹，等等，皆勞民傷財，荼毒天下，不知有多少民眾凍死、累死、餓死、病死、受盡磨難，正如盧生等言「上樂以刑殺為威……天下之事無小大決於上。」尉繚曰：「天下皆為虜矣。」茅焦曰：「桀紂之行不至於是矣！」是皆以天下人為奴隸，進一步強化了秦國一向實行的奴隸制。像這樣的獨夫民賊，後人竟有贊之以英雄、千古一帝者，真咄咄怪事！依唯物史觀，從來認為人民群眾為歷史的創造者，評價歷史人物必須堅持人民本位的立場。秦皇屠戮天下，奴役人民，毫不吝惜人的生命財產，

極大地破壞社會生產力，倒行逆施。豈能不數其罪惡反而稱其功勞？至於書同文、車同軌、統一中國、統一度量衡，其動機無非維護皇帝極權統治，以利鎮壓。其客觀上的積極作用，乃歷史大勢使然，是社會發展進步所需，亦非秦皇個人初衷可致。倘將此一律舊功於個人，則秦皇成為歷史創造者，豈不謬哉。

　　後世多稱秦皇實行郡縣制，廢分封制為一大功績，就此歷代史家頗有爭論。實則廢分封、行郡縣，無非有利於一人對天下的垂直統治，是變一家一姓之天下為一人之天下，只利於消除諸侯皇親對獨夫極權的威脅。對百姓而言，是換掉諸多土皇帝，只臣服於一個最高的皇帝，人們所受的壓迫剝削未必就一定減輕於往昔。從此，在皇權獨裁下，政治的清濁皆決於獨裁者個人的好惡，帝王明智者則政寬，否則政亂。試看自秦皇以來的中國歷史，除唐太宗等少數君王之外，大抵皆濁亂之世。故而可斷言郡縣制始終是獨裁者牢籠天下，敲剝民眾的便利工具和施政體制，其中絕不可能生長出民主政體。一味稱讚郡縣制，只能是維護皇權獨裁、中央集權的論調。關鍵在於，無論集權與分權，均應統一於民權，以人民公權為基礎，秦皇的郡縣制集權與現代民主制風馬牛不相及，不可混為一談。不可一概妄贊也。

史地傳記類　PC0130

中國現代化的癥結

作　　者 / 降大任
主　　編 / 蔡登山
責任編輯 / 蔡曉雯
圖文排版 / 黃莉珊
封面設計 / 陳佩蓉

發 行 人 / 宋政坤
法律顧問 / 毛國樑　律師
印製出版 / 秀威資訊科技股份有限公司
　　　　　114 台北市內湖區瑞光路 76 巷 65 號 1 樓
　　　　　電話：+886-2-2796-3638　傳真：+886-2-2796-1377
　　　　　http://www.showwe.com.tw
劃撥帳號 / 19563868　戶名：秀威資訊科技股份有限公司
　　　　　讀者服務信箱：service@showwe.com.tw
展售門市 / 國家書店（松江門市）
　　　　　104 台北市中山區松江路 209 號 1 樓
　　　　　電話：+886-2-2518-0207　傳真：+886-2-2518-0778
網路訂購 / 秀威網路書店：http://www.bodbooks.tw
　　　　　國家網路書店：http://www.govbooks.com.tw
圖書經銷 / 紅螞蟻圖書有限公司
　　　　　114 台北市內湖區舊宗路二段 121 巷 28、32 號 4 樓
　　　　　電話：+886-2-2795-3656　傳真：+886-2-2795-4100

2010 年 11 月 BOD 一版
定價：290 元

國家圖書館出版品預行編目

中國現代化的癥結 / 降大任著. -- 一版. --
臺北市：秀威資訊科技, 2010.11
　　面 ；　　公分. -- (史地傳記類；PC0130)
BOD 版
ISBN 978-986-221-637-8 (平裝)

1. 中國史　2. 中國研究

610　　　　　　　　　　　　　99019649

讀 者 回 函 卡

感謝您購買本書，為提升服務品質，請填妥以下資料，將讀者回函卡直接寄回或傳真本公司，收到您的寶貴意見後，我們會收藏記錄及檢討，謝謝！如您需要了解本公司最新出版書目、購書優惠或企劃活動，歡迎您上網查詢或下載相關資料：http:// www.showwe.com.tw

您購買的書名：＿＿＿＿＿＿＿＿＿＿＿＿＿＿＿＿＿＿＿＿＿＿＿＿

出生日期：＿＿＿＿＿年＿＿＿＿＿月＿＿＿＿＿日

學歷：□高中 (含) 以下　　□大專　　□研究所 (含) 以上

職業：□製造業　□金融業　□資訊業　□軍警　□傳播業　□自由業
　　　□服務業　□公務員　□教職　　□學生　□家管　　□其它＿＿＿

購書地點：□網路書店　□實體書店　□書展　□郵購　□贈閱　□其他

您從何得知本書的消息？

　□網路書店　□實體書店　□網路搜尋　□電子報　□書訊　□雜誌
　□傳播媒體　□親友推薦　□網站推薦　□部落格　□其他＿＿＿＿＿＿

您對本書的評價：（請填代號　1.非常滿意　2.滿意　3.尚可　4.再改進）

　封面設計＿＿＿　版面編排＿＿＿　內容＿＿＿　文／譯筆＿＿＿　價格＿＿＿

讀完書後您覺得：

　□很有收穫　□有收穫　□收穫不多　□沒收穫

對我們的建議：＿＿＿＿＿＿＿＿＿＿＿＿＿＿＿＿＿＿＿＿＿＿＿＿

＿＿＿＿＿＿＿＿＿＿＿＿＿＿＿＿＿＿＿＿＿＿＿＿＿＿＿＿＿＿＿＿

＿＿＿＿＿＿＿＿＿＿＿＿＿＿＿＿＿＿＿＿＿＿＿＿＿＿＿＿＿＿＿＿

＿＿＿＿＿＿＿＿＿＿＿＿＿＿＿＿＿＿＿＿＿＿＿＿＿＿＿＿＿＿＿＿

11466
台北市內湖區瑞光路 76 巷 65 號 1 樓

秀威資訊科技股份有限公司　　　收

BOD 數位出版事業部

．．

（請沿線對折寄回，謝謝！）

姓　　名：＿＿＿＿＿＿＿＿＿　年齡：＿＿＿＿　性別：□女　□男

郵遞區號：□□□□□

地　　址：＿＿＿＿＿＿＿＿＿＿＿＿＿＿＿＿＿＿＿＿＿＿＿＿

聯絡電話：(日) ＿＿＿＿＿＿＿＿＿＿＿　(夜) ＿＿＿＿＿＿＿＿＿＿

E-mail：＿＿＿＿＿＿＿＿＿＿＿＿＿＿＿＿＿＿＿＿＿＿＿＿＿